I0828010

El Poder de la Oración

por Elena G. de White

Traducción: James R. Hoffer

*Todas las escrituras son de La Santa Biblia, trad. Reina y Valera, ed. 1960, Sociedades Bíblicas Unidas.

ISBN-13: 978-1-4796-0780-8 (Paperback)

ISBN-13: 978-1-4796-0781-5 (ePub)

ISBN-13: 978-1-4796-0782-2 (Mobi)

Library of Congress Control Number: 2017900353

Tabla de contenido

INTRODUCCION

¿Qué en esta vida es más importante que la oración? La oración es nuestra conexión con Dios—¡nuestra fuerza, nuestra puente al cielo!

Es cuando "los hombres [comienzan] a invocar el nombre de Jehová" que lo encuentran. Génesis 4:26. Se nos dice que él "[oye] la oración". Salmo 65:2. ¡Qué promesa es ésta! Mientras oramos, el mismo Espíritu Santo se une a nuestras peticiones e "intercede por nosotros". Romanos 8:26, 27. No estamos solos en la lucha de la vida, y ¡todo el cielo está a nuestro lado!

Y ¡cuántas son las promesas a favor de nuestra perseverancia! "Buscad a Jehová y su poder; buscad su rostro continuamente". 1 Crónicas 16:11. "Velad y orad, para que no entréis en tentación". Mateo 26:41. "Hasta ahora nada habéis pedido en mi nombre: pedid, y recibiréis, para que vuestro gozo sea cumplido". Juan 16:24. "Pedid, y se os dará; buscad, y hallaréis; llamad, y se os abrirá". Mateo 7:7.

"Y le dijo Jehová: Yo he oído tu oración y tu ruego que has hecho en mi presencia". 1 Reyes 9:3. "Tu oración ha sido oída". Lucas 1:13. "Así ha dicho Jehová, Dios de Israel: Lo que me pediste . . . , he oído". 2 Reyes 19:20.

Y hay aún más promesas: "Me invocará, y yo le responderé; con él estaré yo en la angustia; lo libraré y le glorificaré". Salmo 91:15. "Entonces invocarás, y te oirá Jehová; clamarás, y dirá él: Heme aquí". Isaías 58:9. "Y antes que clamen, responderé yo; mientras aún hablan, yo habré oído". Isaías 65:24. "El invocará mi nombre, y yo le oiré, y diré: Pueblo mío; y él dirá: Jehová es mi Dios". Zacarías 13:9.

Ora a solas, y a medida que tengas la oportunidad, ora junto con otros. "Alzaron unánimes la voz a Dios". Hechos 4:24. "Todos éstos perseveraban unánimes en oración y ruego". Hechos 1:14. "Muchos estaban reunidos orando". Hechos 12:12. "Puestos de rodillas en la playa, oramos". Hechos 21:5. Si alguna vez había necesidad de oración fervorosa, es ahora. Que tus oraciones sean como las de Elías, Jacob, y Cristo. El "oró fervientemente". Santiago 5:17. "No te dejaré, si no me bendices". Génesis 32:26. "Y estando en agonía, oraba más intensamente". Lucas 22:44.

El Padre maravilloso oirá y ayudará. Que este pequeño libro te anime diariamente hacia el blanco de la oración sin cesar y llena de confianza. (Lucas 18:1; Efesios 6:18; 1 Tesalonicenses 5:17.) Sí, de cierto, "Pedid, y recibiréis, para que vuestro gozo sea cumplido". Juan 16:24. A medida que lo hagas, recuerda las importantes calificaciones encontradas en 2 Crónicas 7:14; Jeremías 29:13; Marcos 11:24; Santiago 5:16; y 1 Juan 3:22.

Capítulo 1

El Privilegio de la Oración

Contemplando la gloria—"La gloria de Dios desvelada ningún hombre podía mirar y vivir; pero Moisés es asegurado que puede contemplar la medida de la gloria divina que podía soportar en su presente estado mortal. Aquella Mano que creó el mundo, que mantiene las montañas en sus lugares, toma a este hombre de polvo—este hombre de fe poderosa—y lo cubre misericordiosamente en una hendidura de la roca, mientras la gloria de Dios y toda su bondad pasa en frente. ¿Podemos maravillarnos que la 'gloria excelente' reflejada del Omnipotente iluminaba el rostro de Moisés con tal brillo que la gente no soportaba mirarlo? La impresión de Dios le sobrevino, haciéndolo aparecer como uno de los ángeles brillando del trono.

"Esta experiencia, sobretodo la garantía que Dios oiría su oración y que la presencia divina le atendería, era más valiosa a Moisés como líder que las enseñanzas del Egipto o todas sus logros de la ciencia militar. Ningún poder terrenal o destreza o educación puede tomar el lugar de la inmediata presencia de Dios. En la historia de Moisés podemos ver qué íntima comunión con Dios es el privilegio del hombre a gozar. Al transgresor es una cosa medrosa caer en las manos del Dios vivo. Pero Moisés no temía estar a solas con el Autor de aquella ley que fuera dicha con tal grandeza del Monte Sinaí, porque su alma estaba en harmonía con la voluntad de su Creador.

"La oración significa abrir el corazón a Dios como a un amigo. El ojo de la fe va a discernir a Dios muy de cerca, y el suplicante puede obtener evidencia preciosa del amor divino y cuidado de si mismo".—*4 Testimonios*, p. 525.

El privilegio maravilloso —"Todavía los discípulos no conocían los recursos ilimitados y el poder del Salvador. El les dijo, 'Hasta ahora nada habéis pedido en mi nombre'. Juan 16:24. El explicó que el secreto de su éxito sería en pedir fuerza y gracia en su nombre. El estaría presente delante del Padre para rogar por ellos. La oración del suplicante humilde, él presenta como su propio deseo a favor de aquella alma. Toda oración sincera se escucha en el cielo. Tal vez no sea fluentemente expresada, pero si el corazón está en ella, ella ascenderá al santuario donde Jesús ministra, y él la presentará al Padre sin cualquier palabra torpe o tartamudez, hermosa y fragante con el incienso de su propia perfección.

"La senda de seguridad e integridad no es una senda libre de obstrucción, mas en cada dificultad tenemos que ver un llamado a la oración. No hay nadie vivo que tenga cualquier poder que no haya recibido de Dios, y la fuente de que proviene está abierta al ser humano más débil. 'Y todo lo que pidiereis al Padre en mi nombre', dijo Jesús, 'lo haré, para que el Padre sea glorificado en el Hijo. Si algo pidiereis en mi nombre, yo lo haré'.

"'En mi nombre', Cristo pidió que sus discípulos oraran. En el nombre de Cristo sus seguidores deben parar delante de Dios. A través del valor del sacrificio hecho para ellos, son de valor en los ojos del Señor. Debido a la imputada justificación de Cristo son representados preciosos. Por el amor de Cristo el Señor perdona a los que lo temen. El no ve en aquellos la vileza del pecador. El reconoce en ellos la similitud de su Hijo, en quien confían".—*El Deseado de Todas las Gentes*, p. 621.

Sin desconfianza en el futuro—"Los discípulos ya no tenían desconfianza en el futuro. Ellos sabían que Jesús estaba en el cielo, y que sus simpatías todavía estaban con ellos. Sabían que tenían un Amigo al lado del trono de Dios, y estaban ansiosos a presentar sus pedidos al Padre en el nombre de Jesús. En reverencia solemne se inclinaron en oración, repitiendo su declaración segura, 'Todo cuanto pidiereis al Padre en mi nombre, os lo dará. Hasta ahora nada habéis pedido en mi nombre; pedid, y recibiréis, para que vuestro gozo sea cumplido'. Juan 16:23. Extendieron la mano de fe más y más alto, con el poderoso argumento, 'Cristo es él que murió; más aun, él que también resucitó, él que además está a la diestra de Dios, él que también intercede por nosotros'. Romanos 8:34".—*El Deseado de Todas las Gentes*, p. 772.

No se dan cuenta—"No se dan cuenta qué gran privilegio y necesidad son la oración, el arrepentimiento, y el cumplimiento de las palabras de Cristo".—*1 Mensajes Selectos*, p. 156.

Ir a Jesús—"Hay pocos que debidamente aprecian o mejoran el privilegio precioso de la oración. Debemos ir a Jesús y contarle todas nuestras necesidades. Podemos llevarle nuestras preocupaciones y perplejidades, bien como nuestros mayores problemas. Cualquier cosa que se levanta para perturbarnos o angustiarnos, debemos llevarla al Señor en oración. Cuando sentimos que necesitamos la presencia de Cristo a cada paso, Satanás tendrá poca oportunidad de introducir sus tentaciones. Es su esfuerzo estudiado mantenernos fuera de nuestro mejor y más simpatizante Amigo. No debemos hacer de nadie nuestro confidente a no ser de Jesús. Podemos con confianza comunicar con él todo que está en nuestros corazones".—*5 Testimonios*, p. 187.

Cuando al Mar Rojo—"Cuando él lleva a su pueblo por lugares estrechos, entonces es su privilegio reunirse juntos para la oración, recordando que todas las cosas provienen de Dios. Aquellos que todavía no han participado en las experiencias probadoras que atienden la obra en estos últimos días pronto habrán de pasar por escenas que severamente probarán su confianza en Dios. Es cuando su pueblo no ve cómo avanzar, cuando el Mar Rojo está por delante y el ejército por detrás, que Dios les ordena, 'Adelante'. Así es que él trabaja para probar su fe. Cuando tales experiencias te vienen, marcha adelante, confiando en Cristo. Anda paso por paso en la senda que él te indique. Pruebas vendrán, pero sigue adelante. Esto te dará una experiencia que va a fortalecer tu fe en Dios y prepararte para el servicio más real".—*9 Testimonios*, p. 218.

Una cosa maravillosa—"Es una cosa maravillosa que podemos orar efectivamente; que mortales indignos, errantes, tienen el poder de ofrecer sus pedidos a Dios. ¿Cuál poder más elevado puede el hombre desear que éste—vincularse con el Dios infinito? El hombre débil, pecaminoso, tiene el privilegio de hablar con su Creador. Podemos proferir palabras que alcanzan al trono del Monarca del universo. Podemos hablar con Jesús mientras andamos en el camino, y él dice, 'Estoy a tu mano derecha'".—*Obreros Evangélicos*, p. 271.

Lo necesitamos seriamente—"Cada día necesitamos la disciplina de la auto-humillación, para que seamos preparados para el don celestial, no para guardarlo, no para robar de los hijos de Dios su bendición, pero para darlo en toda su plenitud a los otros. ¿Cuándo más que ahora vamos a necesitar un corazón abierto para recibirlo, anhelando por así decir, con el deseo de impartirlo?

"Somos obligados a sacar abundantemente de la tesorería del conocimiento divino. Dios quiere que recibamos mucho, para que impartamos mucho. El desea que seamos canales a través de los cuales él puede impartir ricamente su gracia al mundo.

"Que sinceridad y fe caractericen sus oraciones. El Señor quiere hacer para nosotros 'más abundantemente de lo que pedimos o entendemos'. Efesios 3:20. Háblalo; óralo. No mencionemos la incredulidad".—*7 Testimonios*, p. 259.

En la hora de prueba y tentación—"Cuando en dificultades, cuando perturbados por tentaciones feroces, ellos tienen el privilegio de la oración. ¡Qué privilegio exaltado! Seres finitos, de polvo y ceniza, aceptados a través de la mediación de Cristo, en la sala de audiencias del Altísimo. En tales ejercicios el alma se trae en sagrada proximidad con Dios y es renovada en conocimiento y verdadera santidad, y fortificada contra los asaltos del enemigo".—*La Conducción del Niño*, p. 440.

Entrando en el privilegio—"Descansa totalmente en las manos de Jesús. Contempla su gran amor, y mientras medita en su abnegación, su sacrificio infinito hecho por nosotros para que creamos en él, tu corazón llenará con gozo santo, paz calmante, y amor sin par. Mientras hablamos de Jesús, mientras lo llamamos en oración, nuestra confianza que él es nuestro Salvador personal y amante va a fortalecer, y su carácter va a aparecer cada vez más hermoso. . . . Podemos gozar de ricas fiestas de amor, y al creer completamente que somos suyos mediante la adopción, podemos tener un anticipo del cielo. Espera en el Señor en fe. El Señor atrae el alma en la oración, y nos causa a sentir su precioso amor. Tenemos una proximidad a él, y podemos tener comunión dulce con él. Obtenemos vistas distintas de su ternura y compasión, y nuestros corazones son quebrantados y derretidos al contemplar el amor que nos es dado. De veras sentimos que Cristo habita el alma. . . . Nuestra paz es como un rio, ola tras ola de gloria entran en el corazón, y realmente cenamos con Jesús y él con nosotros. Tenemos una verdadera sensación del amor de Dios y descansamos en su amor. No hay lengua que lo describa, es más allá del conocimiento. Somos unos con Cristo, nuestra vida es escondida con Cristo en Dios. Tenemos la seguridad de que cuando él quien es nuestra vida aparezca, entonces nosotros también apareceremos con él en gloria. Con fuerte confianza, podemos llamar a Dios nuestro Padre. Sea que vivamos o moramos, pertenecemos al Señor. Su Espíritu nos hace como Jesús en temperamento y disposición, y representamos a Cristo a los otros. Cuando Cristo habita en el alma, el hecho no se puede esconder; porque él es como un pozo de agua, surgiendo para la vida eterna. Solamente podemos representar la similitud de Cristo en nuestro carácter, y nuestras palabras y nuestro comportamiento producen en los otros un profundo, constante, creciendo amor para Jesús, y manifestamos . . . que somos conformados a la imagen de Jesucristo".—*Hijos e Hijas de Dios*, p. 313.

Capítulo 2

Oración Genuina y Sincera

Una conversación con Dios—"Si mantenemos al Señor siempre por delante, dejando nuestros corazones a expresarse en acciones de gracia y loor a él, tendremos una frescura en nuestra vida religiosa. Nuestras oraciones tomarán la forma de una conversación con Dios como se habla con un amigo. El nos hablará personalmente de sus misterios. Frecuentemente nos vendrá una sensación dulce y gozosa de la presencia de Jesús. A menudo nuestros corazones van a arder por dentro cuando él se acerca para comunicar con nosotros, bien como hizo con Enoc. Cuando ésta es verdaderamente la experiencia del cristiano, se ve en su vida una sencillez, una humildad, una mansedumbre y abnegación de corazón, que muestra a todos con quién él asocia que ha estado con Jesús y aprendido de él".—*Palabras de Vida del Gran Maestro*, p. 100.

Abriendo el corazón a Dios—"La oración es abrir el corazón a Dios como a un amigo. No que es necesario para hacerle a Dios saber lo que somos, pero para hacer posible que lo recibamos. La oración no nos trae a Dios abajo, sino que nos lleva arriba a él".—*El Camino a Cristo*, p. 93.

La mano de fe mantiene la llave—"La obscuridad del malvado encierra a aquellos que descuidan de orar. Los susurros de tentación del enemigo los tientan a pecar; y es todo porque no hacen uso de los privilegios que Dios les ha dado en el encuentro de la oración. ¿Por qué es que los hijos e hijas de Dios serían maldispuestos a orar, cuando la oración es la llave en las manos de la fe para abrir el almacén celestial, donde están guardados los recursos abundantes del Omnipotente? Sin oración incesante y vigilia diligente estamos en peligro de llegar a ser descuidados y de desviarnos del sendero correcto".—*El Camino a Cristo*, p. 94.

La verdadera alma de la religión—"No dejes de orar, porque es el alma de la religión. Con oración sincera y ferviente, implora por la pureza del alma. Implora tan sinceramente, tan ansiosamente, como por la misma vida mortal, si ésta fuera en juego. Queda delante de Dios hasta que deseos inexpresables nazcan por dentro por la salvación, y la dulce evidencia se obtenga del pecado perdonado".—*1 Testimonios*, p. 152.

El secreto del poder espiritual—"La oración es la respiración del alma. Es el secreto de poder espiritual. Ningún otro medio de gracia puede ser substituido, y la salud del alma ser preservada. La oración lleva el corazón hacia contacto inmediato con la Fuente de la vida, y fortalece tendón y músculo de la experiencia religiosa. Dejar el ejercicio de la oración, o practicarlo esporádicamente, de vez en cuando, como parece conveniente, y uno pierde su contacto con Dios".—*Obreros Evangélicos*, p. 268.

Capítulo 3

Oración Diaria una Necesidad

Tan esencial que la alimentación—"La oración diaria es tan esencial al crecimiento en la gracia, y aun a la misma vida espiritual, como es la alimentación temporal al bienestar físico. Debemos acostumbrarnos a frecuentemente levantar los pensamientos a Dios en oración. Si la mente vaga, tenemos que llevarla de vuelta; con esfuerzo perseverante, el hábito finalmente va a hacerlo fácil. No podemos ni por un momento separarnos de Cristo con seguridad. Podemos tener su presencia para atendernos a cada paso, pero solamente por observar las condiciones que él mismo ha establecido".—*Mensajes para los Jóvenes*, p. 79.

La preparación necesaria—"Varias veces por día, momentos preciosos y dorados deben ser dedicados a la oración y al estudio de las Escrituras, aun si fuera solamente para memorizar un texto, para que la vida espiritual exista en el alma. Los intereses variados de la causa nos fornecen alimentación para la reflexión e inspiración de nuestras oraciones. La comunión con Dios es altamente esencial para la salud espiritual, y sólo aquí se puede obtener la sabiduría y juicio cierto tan necesarios en el cumplimiento de toda tarea.

"La fuerza adquirida de la oración a Dios, unida con el esfuerzo individual en equipar la mente hacia la consideración y seriedad, prepara la persona por sus deberes diarios y mantiene el espíritu en paz bajo todas las circunstancias, no importa cuán difíciles. Las tentaciones a las cuales somos diariamente expuestos hacen de la oración una necesidad. Para que seamos cuidados por el poder de Dios a través de la fe, los deseos de la mente deben continuamente ascender en oración silenciosa por ayuda, por luz, por fuerza, por conocimiento. Pero pensamiento y oración no pueden tomar el lugar del sincero, fiel mejoramiento del tiempo. Trabajo y oración son ambos necesarios en perfeccionar el carácter cristiano.

"Tenemos que vivir una vida doble—una vida de pensamiento y acción, de oración silenciosa y labor sincero. Todos que hayan recibido la luz de la verdad deben sentir su deber de compartir rayos de luz sobre la senda del impenitente. Debemos ser testigos para Cristo en nuestras oficinas bien como en la iglesia. Dios requiere de nosotros que seamos epístolas vivas, conocidas y leídas por todos los hombres. El alma que se torna a Dios para su fuerza, su apoyo, su poder, mediante la oración diaria y sincera, tendrá nobles aspiraciones, percepciones claras de la verdad y el deber, enaltecidos propósitos de acción, y una hambre y sed continuas hacia la justicia. Por mantener una conexión con Dios seremos habilitados a difundir a los otros, mediante nuestra asociación con ellos, la luz, la paz, la serenidad que reina en nuestros corazones, y poner ante ellos un ejemplo de fidelidad constante a los intereses de la obra en la cual estamos ocupados".—*4 Testimonios*, p. 450.

Combinando la oración con el labor—"El espíritu de labor altruista para los otros da al carácter profundidad, estabilidad, y hermosura semejante a Cristo y trae paz y gozo al que lo tiene. Las aspiraciones son elevadas. No hay lugar para pereza o egoísmo. Los que ejercen las gracias cristianas crecerán. Tendrán tendones y músculos espirituales, y serán fuertes para trabajar para Dios. Tendrán percepciones espirituales claras, una fe constante y en aumento, y poder que prevalece en oración".—*5 Testimonios*, p. 571.

Conectando con el cielo—"Los que se vistan con toda la armadura de Dios y devoten algún tiempo cada día a la meditación, la oración, y el estudio de las Escrituras, serán conectados con el cielo y tendrán una influencia salvadora y transformante sobre aquellos a su redor. Grandes pensamientos, nobles aspiraciones, claras percepciones de la verdad y el deber para con Dios, les van a corresponder. Van a anhelar por pureza, por luz, por amor, por todas las gracias del nacimiento celestial. Sus oraciones sinceras entrarán dentro del velo. Esta clase tendrá un coraje santificado para entrar en la presencia del Infinito. Van a sentir que la luz y las glorias del cielo les pertenecen, y llegarán a ser refinados, elevados, y ennoblecidos por este conocimiento íntimo con Dios. Así es el privilegio de los cristianos verdaderos.

"Meditación abstracta no es suficiente; acción activa no es suficiente; ambas son esenciales a la formación del carácter cristiano. La fuerza adquirida en oración sincera y secreta nos prepara para soportar las seducciones de la sociedad. Sin embargo no debemos excluirnos del mundo, porque nuestra experiencia cristiana tiene que ser la luz del mundo. La sociedad de los incrédulos no nos va a perjudicar si nos mezclamos con ellos con el propósito de conectarlos con Dios, y somos suficientemente fuertes para resistir su influencia.

"Cristo vino al mundo para salvarlo, para conectar al hombre caído con el Dios infinito. Los seguidores de Cristo tienen que ser canales de luz. Manteniendo comunión con Dios, deben transmitirles a los en la obscuridad y error las bendiciones selectas que reciben del cielo. Enoc no llegó a ser corrompido con las iniquidades existentes en su día; ¿por qué no nosotros en nuestro día?"—*5 Testimonios*, p. 106.

Necesitada por nuestra juventud—"Las pruebas y privaciones por las cuales muchos jóvenes se quejan, Cristo soportó sin murmurar. Y esta disciplina es la misma experiencia que los jóvenes necesitan, la cual les dará firmeza a sus caracteres, y hacerlos como Cristo, fuertes en espíritu para resistir la tentación. Si se separan de las influencias de aquellos que podrían desviarles y corromper sus morales, ellos no serán superados por los artificios de Satanás. A través de sus oraciones diarias a Dios tendrán sabiduría y gracia de él para soportar el conflicto y las realidades duras de la vida, y salir victoriosos. Fidelidad y serenidad de mente solamente pueden ser retenidas por vigilancia y oración".—*Mensajes para los Jóvenes*, p. 55.

El núcleo de la religión—"La religión debe comenzar con vaciamiento y purificación del corazón, y tiene que ser nutrida con oración diaria".—*5 Testimonios*, p. 526.

Dondequiera que os envíen—"Dondequiera que os envíen, apreciéis en vuestros corazones y mentes el temor y amor de Dios. Id diariamente al Señor para su instrucción y dirección; dependáis de Dios por luz y conocimiento. Orad por esta instrucción y esta luz, hasta que las tengáis. No os será provechoso pedir, y luego olvidaros del objetivo por lo cual orasteis. Mantengáis la mente en vuestra oración. Podéis hacerlo mientras trabajáis con las manos. Podéis decir, 'Señor, lo creo; con todo mi corazón creo. Permite que el poder del Espíritu Santo caiga sobre mí'.

"Si hubiera más gente orando entre nosotros, más ejercicio de una fe viva, y menos dependencia de otros para tener una experiencia en nuestro lugar, estaríamos bastante más avanzados de donde estamos hoy en inteligencia espiritual. Lo que precisamos es una experiencia profunda de corazón y alma individuales. Entonces podremos contar lo que Dios está haciendo y cómo él está obrando. Necesitamos tener una experiencia viva en las cosas de Dios, y no estamos seguros a menos que la tengamos. Hay algunos que tienen una buena experiencia, y os cuentan acerca de ella; pero cuando la avaluáis, podéis ver que no es una experiencia cierta, porque no está de acuerdo con un sencillo 'Así dice el Señor'.

Si alguna vez hubiera en nuestra historia una hora cuando necesitamos humillar nuestras almas individuales delante de Dios, es hoy. Necesitamos ir a Dios con fe en todo lo que es prometido en la Palabra, y entonces andar en toda la luz y poder que Dios provee".—*Fundamentals of Christian Education*, p. 531. [Este título no existe en español. - Ed.]

Cualquier cosa que hagáis—"Debemos contar cada deber, por más humilde que sea, como sagrado porque hace parte del servicio de Dios. Nuestra oración diaria debía ser, 'Señor, ayúdame a hacer lo mejor. Enséñame cómo hacer mejor trabajo. Dame energía y alegría. Ayúdame a traer a mi servicio el servicio amante del Salvador'".—*El Ministerio de la Curación*, p. 376.

Capítulo 4

La Oración Matutina

Empezad el día con la oración—"Permitid que vuestro día empiece con la oración; trabajad como a la vista de Dios".—*4 Testimonios*, p. 581.

Empezad el día al lado de la cama—"Es nuestro privilegio de abrir los corazones y dejar entrar el sol de la presencia de Cristo. Mi hermano, mi hermana, girad hacia la luz. Entrad en verdadero contacto personal con Cristo, para que podéis ejercer una influencia que sustente y reaviva. Permitid que vuestra fe sea fuerte y pura y constante. Dejad que la gratitud para con Dios llene vuestros corazones. Cuando levantáis de mañana, arrodillaos al lado de la cama, y pidáis a Dios para daros fuerza para cumplir las tareas del día y enfrentar sus tentaciones. Pedidle a ayudaros a traer a vuestro labor el dulce carácter de Cristo. Pedidle a ayudaros a hablar palabras que inspiren a aquellos en vuestro rededor con esperanza y coraje, y atraerlos más cerca del Salvador".—*Hijos e Hijas de Dios*, p. 201.

Las primeras palabras al levantaros—"La primera exhalación del alma en la mañana debe ser para la presencia de Jesús. 'Sin mí', dice él, 'nada podéis hacer'. Es Jesús que necesitamos; su luz, su vida, su Espíritu, deben ser nuestros continuamente. Lo necesitamos a cada hora. Y debemos orar en la mañana mientras el sol ilumina el paisaje y llena el mundo con luz, para que el Sol de la Justicia pueda brillar en las cámaras de mente y corazón, y hacernos a todos luz en el Señor. No podemos existir sin su presencia ni un momento. El enemigo sabe cuando tratamos de hacer sin nuestro Señor, y él está allí, listo para llenar nuestras mentes con sus sugerencias diabólicas para que caigamos de nuestra firmeza; pero es el deseo del Señor que momento por momento debamos permanecer en él, y así ser completos en él".—*My Life Today*, p. 15.

Su primer deber—"Consagraos a Dios de mañana; haced de esto su primerísimo deber. Permitid que vuestra oración sea, 'Tómame, O Señor, como todo tuyo. Dejo todos mis planes a tus pies. Úsame hoy en tu servicio. Mora en mí, y permite que todo mi labor sea hecho en ti'. Este es un asunto diario. Cada mañana consagraos a Dios por ese día. Rendidle todos vuestros planes, a ser llevados a cabo o dejados de lado según indique su providencia. Así día tras día pudiereis dar vuestra vida en las manos de Dios, y así su vida estará más y más formada de acuerdo con la vida de Cristo. Una vida en Cristo es una vida de tranquilidad. Puede ser que no haya sentimiento de extasía, sin embargo debe haber una confianza permanente y pacífica".—*El Camino a Cristo*, p. 70.

Nuestra oración diaria—"En la vida futura los misterios que aquí nos molestan y decepcionan se harán claros. Veremos que nuestras oraciones que parecían no contestadas y nuestras esperanzas fracasadas han sido entre nuestras mejores bendiciones. Debemos considerar cada deber, tan humilde que sea, como sagrado porque hace parte del servicio a Dios. Nuestra oración debe ser, 'Señor, ayúdame a hacer mi mejor. Enséñame cómo hacer trabajo mejor. Dame energía y alegría. Ayúdame a traer para mi servicio el servicio amante del Salvador".—*El Ministerio de la Curación*, p. 376.

La primera lección—"La primera lección a enseñar a los obreros en nuestras instituciones es la lección de dependencia de Dios. Antes de que puedan alcanzar éxito en cualquier línea, deben, cada uno por sí mismo, aceptar la verdad contenida en las palabras de Cristo, 'Sin mí nada podéis hacer'.

"La justicia tiene sus raíces en la piedad. Ningún ser humano es justo más tiempo que tenga fe en Dios y mantenga una conexión vital con él. Como la flor del campo tiene sus raíces en el suelo; como tiene que recibir aire, rocío, lluvias, y sol, así tenemos que recibir de Dios lo que ministra a la vida del alma. Es solamente a través de ser partícipes de su naturaleza que recibimos poder para obedecer sus mandamientos. Ningún hombre, alto o bajo, con experiencia o sin experiencia, puede sostenidamente mantener delante de sus semejantes una vida pura y efectiva, a menos que su vida esté escondida con Cristo en Dios. Cuanto más la actividad con el hombre, más cerca debe ser la comunión del corazón con Dios.

"Cada mañana toma tiempo para hacer su labor con oración. No consideres esto tiempo perdido; es tiempo que va a vivir por las edades eternas. Por este medio éxito y victoria espiritual entrarán. La maquinaria responderá al toque de la mano del Maestro. De cierto es que vale la pena pedir la bendición de Dios, y la obra no puede ser hecha correctamente a menos que el comienzo sea cierto".—*7 Testimonios*, p. 185.

Cuando te levantas—"Cuando te levantas en la mañana, ¿sientes tu impotencia y tu necesidad de fuerza de parte de Dios? ¿y humildemente y de corazón dejas saber al Padre celestial tus necesidades? Si así es, ángeles marcan tus oraciones, y si estas oraciones no han salido de labios insinceros, cuando estás en peligro de hacer el mal inconscientemente y ejercer una influencia que lleve a otros a hacer lo incorrecto, tu ángel de la guarda estará a tu lado, moviéndote hacia un curso mejor, escogiendo tus palabras en tu lugar, e influenciando tus acciones.

"Si no te sientes en peligro, y si ofreces ninguna oración para ayuda y fuerza de resistir tentaciones, con certidumbre vas a desviar; tu negligencia del deber será marcada en el libro de Dios en el cielo, y serás hallado deficiente en el día del juicio".—*3 Testimonios*, p. 401.

Capítulo 5

La Oración Ferviente

Sigue pidiendo—"Dios no dice, Pide una sola vez, y recibirás. Nos invita a pedir. Persiste en oración sin cesar. Pedir persistentemente trae al que pide una actitud más sincera, y le da un deseo en aumento para recibir las cosas por las cuales pide.

Pero muchos no tienen una fe viva. Es por eso que no ven más del poder de Dios. . . . Hacen planes y calculan, pero oran poco, y tienen poca confianza verdadera en Dios. Piensan que tienen fe, pero es solamente el impulso del momento. Dejando de entender su necesidad, o la buena voluntad de Dios para dar, no perseveran en dejar sus peticiones delante del Señor.

"Nuestras oraciones deben ser tan fervorosas y persistentes como fue la petición del amigo necesitado que pidió los panes a la medianoche. Lo más fervorosa y constantemente que pedimos, la más íntima será nuestra comunión espiritual con Cristo".—*Palabras de Vida del Gran Maestro*, p. 111.

Oración ferviente y constante—"Si el Salvador de la humanidad, el Hijo de Dios, sentía la necesidad de oración, cuánto más los mortales, débiles, pecaminosos, sienten la necesidad de ferviente y constante oración.

"Nuestro Padre celestial espera para darnos la plenitud de sus bendiciones. Es nuestro privilegio beber abundantemente de la fuente de amor sin fin. ¡Qué maravilla que oramos tan poco! Dios está listo y dispuesto a escuchar la oración sincera del más humilde de sus hijos. . . .

"¿Por qué deben los hijos e hijas de Dios ser renuentes a orar, mientras la oración es la llave en la mano de fe para abrir el almacén del cielo, donde están guardados los recursos abundantes del Omnipotente?"—*El Camino a Cristo*, p. 94.

La oración de la fe—"La fe no es un sentimiento. . . . Fe verdadera no es en ningún sentido unido a la presunción. Solamente aquel que tenga fe verdadera es seguro contra la tentación, porque la presunción es la falsificación de fe de Satanás. . . .

"Hablar de la religión en una manera casual, orar sin una sed en el alma y una fe viva, no gana nada. . . .

"Muchos tienen la fe como una opinión. Pero la fe que salva es una transacción, por la cual aquellos que reciben a Cristo se juntan a si mismos en una relación de pacto con Dios. La fe genuina es vida. Una fe viva significa un aumento de vigor, una confianza segura, mediante la cual el alma llega a ser un poder conquistador".—*Obreros Evangélicos*, p. 275.

Capítulo 6

La Oración de Fe

Llevando la oración de fe al cielo—"[Los ángeles] oyen la ofrenda de loor y la oración de fe, y llevan las peticiones a Aquel que ministra en el santuario por su pueblo y ofrece sus méritos a su favor".—*Consejos para los Maestros*, p. 106.

Orando en fe—"Hay muchos que, aunque luchando para obedecer los mandamientos de Dios, tienen poca paz o gozo. Esta falta en su experiencia es el resultado de un fracaso de ejercer la fe. Ellos andan como si fuera en una tierra de sal, un desierto árido. Reclaman poco, cuando podrían reclamar mucho; porque no hay límite con las promesas de Dios. Aquellos no representan correctamente la santificación que proviene a través de obediencia a la verdad. El Señor quiere que todos sus hijos e hijas sean felices, pacíficos, y obedientes. Por el ejercicio de la fe el creyente entra en posesión de estas bendiciones. A través de la fe, cada deficiencia de carácter puede ser suplida, cada suciedad limpiada, cada falta corregida, cada excelencia desarrollada.

"La oración es el medio celestial ordenado para éxito en el conflicto con el pecado y el desarrollo de carácter cristiano. Las influencias divinas que vienen en respuesta a la oración de fe van a lograr en el alma del suplicante todo por lo cual él ruega. Por el perdón de pecado, por el Espíritu Santo, por un temperamento cristiano, por sabiduría y fuerza para hacer su obra, por cualquier don que él haya prometido, podemos pedir; y la promesa es, 'Recibirás'".—*Hechos de los Apóstoles*, p. 450.

Moviendo el brazo—"Mediante tus oraciones de fe fervientes puedes mover el brazo que mueve al mundo".—*El Hogar Cristiano*, p. 23.

Parte del plan de Dios—"Sabiduría mundana enseña que la oración no es esencial. Hombres de ciencia reclaman que realmente no puede haber respuesta a la oración, que eso sería una violación de la ley, un milagro, y que milagros no existen. El universo, dicen ellos, es gobernado por leyes fijas, y Dios mismo no hace nada contra esas leyes. Así representan a Dios como restringido por sus propias leyes—como si la operación de leyes divinas iba a excluir la libertad divina. Tal enseñanza se opone al testimonio de las Escrituras. ¿No fueron milagros hechos por Cristo y sus apóstoles? El mismo Salvador compasivo vive hoy, y él es tan dispuesto a oír la oración de la fe como cuando andaba visiblemente entre los hombres. Lo natural coopera con lo sobrenatural. Es parte del plan de Dios de concedernos, en respuesta a la oración de la fe, lo que no concedería si así no pidiéramos".—*El Conflicto de los Siglos*, p. 515.

¿Qué es la oración de fe—"La oración no es una expiación por el pecado; no tiene virtud o mérito en si misma. Todas las palabras florecidas a nuestra disposición no son equivalentes a un solo deseo santo. Las oraciones más elocuentes son nada más que palabras ociosas si no expresan los sentimientos verdaderos del corazón. Mas la oración que proviene de un corazón sincero, cuando las necesidades sencillas del alma son expresadas—bien como pediríamos a un amigo terrenal por un favor, esperando que fuera dado—esta es la oración de la fe. Dios no desea nuestros aprecios ceremoniales, pero el llanto no hablado del corazón quebrantado y templado con la sensación de sus pecados y completa debilidad encuentra su camino hacia el Padre de toda misericordia".—*El Discurso Maestro de Jesucristo*, p. 75.

Cuando Satanás se estremece—"Si Satanás percibe que está en peligro de perder a una sola alma, él se va a ejercer al máximo para no perderla. Y cuando el individuo siente su peligro, y con angustia y fervor mira a Jesús por fortaleza, Satanás teme que va a perder a un cautivo, y él llama por un reforzamiento de sus ángeles para cercar al pobre alma y formar una pared de obscuridad a su alrededor, para que la luz celestial no le alcance. Pero si la persona en peligro persevera, y en su sinceridad se lanza sobre los méritos de la sangre de Cristo, nuestro Salvador oye la sincera oración de la fe, y envía un reforzamiento de aquellos ángeles que exceden en fortaleza para librarla. Satanás no puede soportar que su poderoso rival es llamado, porque él teme y tiembla delante de su fuerza y majestad. Al sonido de la oración sincera, todas las huestes de Satanás tiemblan. El sigue llamando legiones de ángeles para cumplir su objeto. Y cuando ángeles, todopoderosos, vestidos de la armadura del cielo, vienen para ayudar al alma desmayada y perseguida, Satanás y sus huestes caen para tras, sabiendo bien que su campaña es perdida. Los sujetos dispuestos de Satanás son fieles, activos, y unidos en un objeto. Y aunque odian y pelean uno con otro, sin embargo mejoran cada oportunidad para avanzar su interés común. Pero el gran Comandante en el cielo y la tierra ha limitado el poder de Satanás".—*1 Testimonios*, p. 309.

Confundiendo a Satanás—"El ser humano es cautivo a Satanás y por naturaleza inclinado a seguir sus sugerencias y hacer su voluntad. El no tiene en si mismo poder para oponer la resistencia efectiva al mal. Es solamente cuando

Cristo habita en él a través de una fe viva, influyendo sus deseos y fortaleciéndolo con fuerza de cima, que el hombre puede tentar de enfrentar un tan terrible enemigo. Cada otro medio de defensa es completamente vano. Es solamente mediante Cristo que el poder de Satanás es limitado. Esta es una verdad de gran importancia que todos deben entender. Satanás está ocupado a cada momento, yendo para frente y para tras, andando por cima y por abajo en la tierra, buscando a quién devorar. Pero la sincera oración de la fe confundirá sus esfuerzos más poderosos. Entonces tomad 'el escudo de la fe', hermanos, 'con que podáis apagar todos los dardos de fuego del maligno'".—*5 Testimonios*, p. 274.

La gran fuerza del cristiano—"La oración de la fe es la gran fuerza del cristiano y seguramente va a prevalecer contra Satanás. Es por eso que él insinúa que no tenemos necesidad de oración. El nombre de Jesús, nuestro Abogado, él odia; y cuando le venimos en sinceridad por ayuda, las huestes de Satanás son alarmadas. Sirve bien sus propósitos si dejamos de lado el ejercicio de la oración, porque entonces sus maravillas mentirosas son más fácilmente recibidas".—*1 Testimonios*, p. 267.

No se pierde nunca—"La oración de fe no se pierde nunca, pero reclamar que será siempre respondida en la misma manera y para la cosa particular que esperábamos, es la presunción".—*1 Testimonios*, p. 211.

Fija tus ojos siempre en él—"Mis queridos compañeros obreros, sed verdaderos, llenos de esperanza, heroicos. Que cada golpe sea hecho en fe. Al hacer vuestro mejor, el Señor va a recompensaros por vuestra fidelidad. Del fuente que da vida tira energía física, mental, y espiritual. Valentía, sea de hombre o mujer—santificada, purificada, refinada, ennoblecida—tenemos la promesa que la vamos a recibir. Necesitamos aquella fe que nos habilite para poder verle al Invisible. Al fijar vuestros ojos en él, estaréis llenados con un amor profundo por las almas por las cuales él murió, y recibiréis ánimo para esfuerzos renovados.

"Cristo es nuestra única esperanza. Venid a Dios en el nombre de Aquel que dio su vida por el mundo. Dependéis de la eficacia de su sacrificio. Mostrad que su amor, su gozo, reside en vuestra alma, y que es por eso que vuestro gozo es completo. Cesad de hablar de incredulidad. En Dios es nuestra fortaleza. Orad mucho. La oración es la vida del alma. La oración de fe es la arma con la cual podemos con éxito resistir cada asalto del enemigo".—*1 Mensajes Selectos*, p. 103.

El Espíritu es enviado en respuesta—"En todos los tiempos y en todos los lugares, en todas las angustias y en todas las aflicciones, cuando el panorama parece obscuro y el futuro confuso, y nos sentimos impotentes y a solas, el Consolador será enviado en respuesta a la oración de fe. Circunstancias pueden separarnos de cada amigo terrenal, pero ninguna circunstancia o distancia puede separarnos del Consolador celestial. Dondequiera que estemos, dondequiera que vayamos, él siempre está a nuestra mano derecha para apoyar, sostener, levantar, y animar".—*El Deseado de Todas las Gentes*, p. 623.

Poder vendrá—"Poder vendrá de Dios al hombre en respuesta a la oración de fe".—*4 Testimonios*, p. 395.

Capítulo 7

La Ciencia de la Oración

Esta es la Ciencia de la Oración—"'Encomienda a Jehová tu camino, y confía en él; y él hará. Exhibirá tu justicia como la luz, y tu derecho como el mediodía'. Salmo 37:5-6

"'Jehová será refugio del pobre, refugio para el tiempo de angustia. En ti confiarán los que conocen tu nombre, por cuanto tú, oh Jehová, no desamparaste a los que te buscaron'. Salmo 9:9, 10.

"La compasión que Dios manifiesta hacia nosotros, él pide que la manifestemos hacia los otros. Que los impulsivos, los autosuficientes, los delictuosos, vean al Único manso y humilde, llevado como cordero a la matanza, no vengativo como una oveja muda ante sus esquiladores. Que lo vean como a Aquel a quien nuestros pecados han agujereados y nuestros dolores han pesados, y aprendan a perseverar, a contenerse, y a perdonar.

"A través de la fe en Cristo, tal deficiencia de carácter puede ser suprimida, cada suciedad limpiada, cada falta corregida, cada excelencia desenvuelta.

"'Vosotros estáis completos en él' Colosenses 2:10.

"La oración y la fe son íntimamente aliadas, y necesitan ser estudiadas juntas. En la oración de fe hay una ciencia divina; es una ciencia que cada uno que quiere hacer de su carrera un éxito debe entender. Cristo dice, 'Todo lo que pidiereis orando, creed que lo recibiréis, y os vendrá'. Marcos 11:24. El lo hace claro que nuestra petición tiene que ser de acuerdo con la voluntad de Dios; tenemos que pedir por las cosas que él ha prometido, y cualquier cosa que recibamos tiene que ser usada en hacer su voluntad. Cuando las condiciones son cumplidas, la promesa no se equivoca.

"Por el perdón del pecado, por el Espíritu Santo, por un temperamento semejante al de Cristo, por sabiduría y fuerza para concluir su tarea, por cualquier don que él ha prometido, podemos pedir; entonces tenemos que creer que lo recibimos y dar gracias a Dios que lo hemos recibido.

"No es necesario mirar por una evidencia ajena de la bendición. El don está en la promesa, y podemos seguir nuestro trabajo asegurados de que lo que Dios ha prometido él es hábil a cumplir, y que el don, que ya tenemos, será realizado cuando más lo necesitamos.

"Vivir así por la palabra de Dios significa rendirle a él la vida toda. Habrá un sentido continuo de necesidad y dependencia, una atracción del corazón hacia Dios. La oración es una necesidad, porque es la vida del alma. La oración familiar, la oración pública, tienen sus lugares; pero es en la comunión secreta con Dios que se sostiene la vida del alma.

"Fue en el monte con Dios que Moisés contempló el diseño de aquel maravilloso edificio que tendría que ser el lugar donde su gloria habitara. Está en el monte con Dios—en el lugar secreto de la comunión—que tenemos que contemplar su glorioso ideal para la humanidad. Así somos aptos para montar el 'edificio' de nuestro carácter, y entonces puede ser concluida la promesa para nosotros, 'Habitaré y andaré entre ellos, y seré su Dios, y ellos serán mi pueblo'. 2 Corintios 6:16.

"Fue en las horas de oración solitaria que Jesús en su vida terrenal recibió sabiduría y poder. Ojalá que la juventud siga su ejemplo en encontrar en el amanecer y en el crepúsculo un momento tranquilo para comunión con su Padre en el cielo. Y durante el día que levanten sus corazones a Dios. A cada paso de nuestro camino él dice, 'Porque yo Jehová soy tu Dios, quien te sostiene de tu mano derecha, y te dice: No temas, yo te ayudo'. Isaías 41:13. Si nuestros hijos pudieran aprender estas lecciones en la mañana de sus años, ¡que frescura y poder, que gozo y dulzura entrarían en sus vidas!"—*Educación*, p. 257-259.

Más acerca de esta ciencia divina—"Las lecciones de Cristo sobre la oración deben ser cuidadosamente consideradas. Hay una ciencia divina en la oración, y su ilustración trae a la vista principios que todos necesitan entender. El muestra lo que es el espíritu verdadero de la oración, enseña la necesidad de perseverancia en presentar nuestros pedidos a Dios, y nos asegura de su voluntad para escuchar y responder a la oración".—*Palabras de Vida del Gran Maestro*, p. 108. [Léase el capítulo entero, "Como aumentar la fe y la confianza", *Ibíd*., pp. 105-115, para más principios sobre la ciencia de la oración.]

Capítulo 8

Cuando se Necesita Mucha Oración

Para progreso en la vida divina—"El cielo no está cerrado contra las oraciones generosas de los justos. Elías fue un hombre sujeto a pasiones semejantes a las nuestras, mas el Señor escuchó y en una manera más destacada respondió a sus pedidos. La única razón por la falta de poder con Dios se encuentra en nosotros mismos. Si la vida interior de muchos que profesan la verdad fuera presentada delante de ellos, ellos no se llamarían cristianos. No están creciendo en la gracia. Ofrecen una oración apurada de una u otra vez, pero no hay verdadera comunión con Dios.

"Tenemos que estar mucho en oración si quisiéramos hacer progreso en la vida divina. Cuando el mensaje de la verdad fue proclamado por primera vez, ¡cuánto oramos! Cuán frecuente la voz de intercesión fue escuchada en la sala de estar, en el granero, en el huerto, o en la arboleda. Frecuentemente pasamos horas en oración sincera, dos o tres juntos reclamando la promesa; a menudo se oía el sonido de llanto y entonces la voz de acción de gracias y el cántico de loor. Ahora el día del Señor está más cerca que cuando primero creíamos, y debemos ser más sinceros, más celosos, más fervorosos que en los días primeros. Nuestros peligros son mayores ahora que entonces. Almas están más endurecidas. Necesitamos ahora ser imbuidos con el espíritu de Cristo, y no debemos descansar hasta que lo recibamos".—*5 Testimonios*, p. 151, 152.

A favor de logros cristianos más elevados—"Pablo sabía que los logros cristianos elevados sólo pueden ser alcanzados a través de mucha oración y vigilancia constante, y esto él trataba de instilar en sus mentes. Pero también sabía que en Cristo crucificado les fue ofrecido poder suficiente para convertir el alma y divinamente adaptados para equiparlos a resistir todas las tentaciones al mal. Con fe en Dios como su armadura, y con su palabra como su arma de la batalla, serían suplidos con un poder interior que les habilitara a repulsar los ataques del enemigo".—*Hechos de los Apóstoles*, p. 248.

En el estudio de la Biblia—"Lee su Biblia con mucha oración. No trates de humillar a los otros, pero humíllate a ti mismo delante de Dios, y trata gentilmente uno con otro".—*2 Mensajes Selectos*, p. 379.

La preparación para la obra que tiene que ser hecha—"Moisés nunca habría sido preparado para su posición de confianza, si esperara que Dios hiciera la obra por él. La luz del cielo vendrá a aquellos que sienten la necesidad de ella, y que la buscan como por tesoros escondidos. Pero si descendemos a un estado de inactividad, dispuestos a ser controlados por el poder de Satanás, Dios no nos enviará su inspiración. A menos que no ejercemos al máximo los poderes que él nos ha dado, quedaremos siempre débiles e ineficientes. Mucha oración y el más vigoroso ejercicio de la mente son necesarios si estaremos preparados para hacer la obra que Dios quisiera confiarnos. Muchos nunca alcanzan la posición que podrían ocupar, porque esperan que Dios haga por ellos lo que él les ha dado el poder de hacer. Todos que están habilitados para ser útiles en esta vida tienen que ser entrenados por disciplina mental y moral severas, y entonces Dios les ayudará mediante combinar poder divino con esfuerzo humano".—*4 Testimonios*, p. 604.

Siguiendo con la obra de Dios—"A medida que la actividad aumente y los hombres lleguen a tener éxito en hacer cualquier obra para Dios, existe el peligro de confiar en planes y métodos humanos. Hay una tendencia de orar menos, y tener menos fe. Como los discípulos, estamos en peligro de perder de vista nuestra dependencia de Dios, y tratar de hacer un salvador de nuestra actividad. Tenemos que mirar constantemente a Jesús, teniendo en cuenta que es su poder que hace el trabajo. Mientras que debemos cooperar sinceramente para la salvación de los perdidos, también debemos tomar tiempo para la meditación, la oración, y el estudio de la palabra de Dios. Solamente el trabajo concluido con mucha oración, y santificado por los méritos de Cristo, al final probará de haber sido eficiente para el bien".—*El Deseado de Todas las Gentes*, p. 329.

Haciendo obra pionera en nuevas áreas—"En nuevos campos se necesitan mucha oración y labor sabio. Hay necesidad, no solamente de hombres que puedan hacer sermones, pero aquellos que tengan una sabiduría experimental del misterio de la divinidad, y que puedan enfrentar las necesidades urgentes de la gente—aquellos que se den cuenta de la importancia de su posición como siervos de Jesús, y que alegremente levanten la cruz que él les ha enseñado a llevar".—*Obreros Evangélicos*, p. 199.

Alcanzando corazones—"A través de mucha oración tienen que trabajar para las almas, porque esto es el único método por el cual pueden alcanzar corazones. No es su trabajo, pero el trabajo de Cristo quien está a su lado, que impresiona corazones".—*Evangelismo*, p. 251.

Hacia un hogar mejor—"Las afecciones no pueden durar, aún en el círculo hogareño, a no ser que haya una conformidad de la voluntad, y la disposición a la voluntad, de Dios. Todas las facultades y pasiones tienen que ser llevadas en armonía con los atributos de Jesucristo. Si el padre y la madre en el amor y temor de Dios unen sus intereses para tener autoridad en el hogar, verán la necesidad de mucha oración, mucha reflexión seria. Y en cuanto buscan a Dios, sus ojos estarán abiertos para ver presentes a los mensajeros celestiales, protegiéndolos en respuesta a la oración de la fe. Van a superar las debilidades de sus caracteres y seguir hasta la perfección".—*El Hogar Cristiano*, p. 284.

Separando la verdad del error—"Los ángeles de Satanás son sabios para hacer el mal, y van a crear lo que algunos van a reclamar ser luz avanzada, y van a proclamarla como nueva y maravillosa; mientras en algunos aspectos su mensaje parezca verdadero, será mezclado con invenciones humanas, enseñando por doctrina los mandamientos del hombre. Si una vez hubo un tiempo cuando debemos vigilar y llorar en toda sinceridad, es ahora. Muchas cosas aparentemente buenas tendrán que ser cuidadosamente consideradas con mucha oración, porque son maniobras del enemigo para llevar a las almas por una senda que queda tan cerca de la senda de la verdad que será apenas distinguible de ella. Pero el ojo de la fe puede discernir que ella desvía, aunque casi imperceptible, de la senda recta. Inicialmente puede aparecer positivamente derecha, pero después de un tiempo se ve bastante divergente de la senda que lleva a la santidad y el cielo".—*Evangelismo*, p. 428.

Buscando al Espíritu Santo—"Debemos diariamente recibir la unción santa, para que la impartamos a otros. Todos pueden ser portadores de la luz para el mundo si quieren. En Jesús tenemos que quitar el yo fuera de la vista. Tenemos que recibir la palabra del Señor en consejo e instrucción, y comunicarla con alegría. Ahora hay necesidad de mucha oración. Cristo manda, 'Orad sin cesar'; eso es, mantener la mente elevada a Dios, la fuente de todo poder y eficiencia".—*Testimonios para los Ministros*, p. 510.

Estando de pie en el lado impopular—"Decidir por el lado impopular lleva coraje moral, firmeza, decisión, perseverancia, y mucha oración. Estamos agradecidos que podemos ir a Cristo como los pobres sufridores vinieron a Cristo en el templo".—*Evangelismo*, p. 178.

Para victoria sobre el pecado—"Sólo Dios puede darnos la victoria. El desea que tengamos el dominio sobre nosotros mismos, nuestra voluntad y nuestras maneras. Pero él no puede hacer la obra en nosotros sin nuestro permiso y cooperación. El Espíritu divino opera a través de las facultades y poderes dados al hombre. Nuestras energías son requeridas para cooperar con Dios.

"La victoria no se gana sin mucha oración sincera, sin la humillación del yo a cada paso. Nuestra voluntad no puede ser forzada en cooperación con las agencias divinas, pero tiene que ser voluntariamente sometida".—*El Discurso Maestro de Jesucristo*, p. 120.

Para despertarnos—"Agencias satánicas en forma humana tendrán parte en este último gran conflicto para oponer la edificación del reino de Dios. Y ángeles celestiales en forma humana estarán en el campo de acción. Hombres y mujeres han hecho confederaciones para oponer al Señor Dios del cielo, y la iglesia está solamente medio despertada a la situación. Tiene que haber mucho más de la oración, mucho más del esfuerzo sincero entre creyentes profesados".—*4 Comentario Bíblico*, p. 1142.

Capítulo 9

Orando para un Reavivamiento Espiritual

Un reavivamiento de la santidad verdadera—"Un reavivamiento de la santidad verdadera entre nosotros es la más grande y más urgente de nuestras necesidades. Buscar esto debe ser nuestro primer trabajo. Tiene que haber un esfuerzo sincero para obtener la bendición del Señor, no porque Dios no está dispuesto a dar su bendición sobre nosotros, más porque estamos mal preparados para recibirla. Nuestro Padre celestial está más dispuesto a dar su Espíritu Santo a los que se lo piden, que los padres terrenales están para dar buenas dádivas a sus hijos. Pero es nuestro trabajo, por confesión, humillación, arrepentimiento, y oración sincera, de cumplir las condiciones por las cuales Dios ha prometido darnos su bendición. Un reavivamiento se puede esperar solamente en respuesta a la oración".—*1 Mensajes Selectos*, p. 141.

Remover los obstáculos—"No hay nada que Satanás más teme de que la gente de Dios abra el camino para remover todo obstáculo, para que el Señor pueda derramar su Espíritu sobre una iglesia moribunda y una congregación impenitente. Si Satanás tuviera razón, no habría nunca otro despertamiento, grande o pequeño, hasta el fin del tiempo. Pero no somos ignorantes de sus maniobras. Es posible resistir su poder. Cuando el camino está preparado para el Espíritu de Dios, las bendiciones vendrán. Satanás no más puede bloquear una lluvia de bendición a descender sobre el pueblo de Dios que él puede cerrar las ventanas del cielo que la lluvia no caiga sobre la tierra. Hombres malignos y diablos no pueden interferir con la obra de Dios, ni quitar su presencia de las asambleas de su pueblo, si ellos, con corazones sometidos y contritos pueden confesar y dejar de lado sus pecados, y en fe reclamar sus promesas".—*1 Mensajes Selectos*, p. 144.

En respuesta a la oración—"Solamente a aquellos que esperan humildemente en Dios, que vigilan por su dirección y gracia, es dado el Espíritu. El poder de Dios espera su reclamo y recepción. Esta bendición prometida, reclamada por la fe, trae todas las otras bendiciones en sucesión".—*El Deseado de Todas las Gentes*, p. 626.

El derramamiento—"El Espíritu vino sobre los discípulos mientras ellos esperaban y lloraban, con una plenitud que alcanzaba a todo corazón. El Infinito se reveló a si mismo en poder a su iglesia. Fue como si fuera por las edades esta influencia fuera guardada en sujeción, y ahora el cielo regocijó en poder derramar sobre la iglesia las riquezas de la gracia del Espíritu. Y bajo la influencia del Espíritu, palabras de penitencia y confesión se mezclaban con cánticos de loor por pecados perdonados. Expresiones de gracia y de profecía fueron oídas. Todo el cielo se inclinó para observar y adorar la sabiduría de amor sin par e incomprensible. . . . ¿Y qué siguió? La espada del Espíritu, nuevamente afilada con poder y bañada en los relámpagos del cielo, cortó la incredulidad. Miles fueron convertidos en un solo día".—*Hechos de los Apóstoles*, p. 31.

Capítulo 10

El Poder en la Oración

No avaluada como debe ser—"Nosotros también debemos tener horas dedicadas para meditación y oración y para recibir refresco espiritual. No avaluamos el poder y la eficacia de la oración como debemos. La oración y la fe harán lo que ningún poder en la tierra puede lograr. Estamos pocas veces, en todo respecto, ubicados en la misma posición dos veces. Continuamente tenemos nuevas escenas y nuevos desafíos para atravesar, donde la experiencia en el pasado no puede ser una guía suficiente. Necesitamos la luz continua que procede de Dios".—*El Ministerio de la Curación*, p. 407.

Ayudados por el agradecimiento y el loor—"¿Deben todos nuestros ejercicios devocionales consistir en pedir y recibir? ¿Debemos nosotros ser recipientes de sus misericordias y nunca expresar nuestra gratitud a Dios, nunca alabarlo por lo que él nos ha hecho? No oramos demasiado, pero agradecemos muy poco. Si la bondad amante de Dios incitara más acción de gracias y alabanza, tendríamos mucho más poder en la oración. Iríamos abundar más y más en el amor de Dios y tener más a recibir por lo cual alabarlo. Vosotros que quejáis que Dios no escucha vuestras oraciones, cambiéis vuestro orden presente y combinéis alabanza con vuestras peticiones. Cuando consideráis su bondad y misericordias, encontraréis que él va a considerar vuestras necesidades.

"Orad, orad sinceramente y sin cesar, pero no os olvidéis a alabar. Es apropiado para todo hijo de Dios vindicar su carácter. Podéis magnificar al Señor; podéis mostrar el poder de la gracia sustentadora".—*5 Testimonios*, p. 297.

Un poder para el bien—"La oración [pública], si ofrecida apropiadamente, es un poder para el bien. Es uno de los medios usados por el Señor para comunicar al pueblo los tesoros preciosos de la verdad. Pero oración no es lo que debe ser, a causa de las voces defectivas de aquellos que la pronuncian".—*6 Testimonios*, p. 382.

Sigue yendo al propiciatorio—"Sin la oración incesante y la vigilancia diligente estamos en peligro de llegar a ser descuidados y de desviarnos del camino recto. El adversario procura continuamente a bloquear el camino hacia el propiciatorio, para que no podamos por la suplicación sincera y la fe obtener gracia y poder para resistir la tentación".—*El Camino a Cristo*, p. 94.

Gana el poder para nuestra ayuda—"'Oré', dijo él, 'al Dios del cielo'. En aquella breve oración Nehemías entró en la presencia del Rey de reyes y ganó a su lado un poder que puede tornar corazones como se torna los ríos de agua.

"Orar como Nehemías oró en su hora de necesidad es un recurso disponible al cristiano bajo circunstancias cuando otras formas de oración pueden ser imposibles".—*Profetas y Reyes*, p. 466.

Necesitados por los colportores—"Aquellos en la obscuridad de error fueron comprados por la sangre de Cristo. Son el fruto de su sufrimiento, y deben ser objeto de nuestros favores. Que nuestros colportores sepan que es para el progreso del reino de Cristo que trabajan. El les enseñará a lanzarse a su trabajo apuntado por Dios, para advertir al mundo de un juicio porvenir. Acompañados por el poder de la persuasión, el poder de la oración, el poder del amor de Dios, el labor del evÁngelista no será, no puede ser, sin fruto".—*El Colportor Evangélico*, p. 111.

Este poder es poder real—"La gloria que descansó sobre Cristo es una prenda del amor de Dios para nosotros. Nos habla del poder de la oración—como la voz humana puede alcanzar el oído de Dios, y nuestras peticiones encuentran aceptación en las cortes del cielo. A causa del pecado, la tierra fue cortada del cielo, y alejada de su comunión; pero Jesús la ha conectado de nuevo con el esfera de la gloria. Su amor ha circundado al hombre, y ha alcanzado el cielo más alto. La luz que cayó desde los portales abiertos sobre la cabeza de nuestro Salvador caerá sobre nosotros mientras oramos por ayuda para resistir la tentación. La voz que habló a Jesús dice a cada alma creyente, 'Este es mi hijo amado en quien me complazco'".—*El Deseado de Todas las Gentes*, p. 113.

El corazón de la Reforma del siglo XVI—"Desde el lugar secreto de oración vino el poder que sacudió el mundo en la Gran Reforma. Allá, con calma santa, los siervos del Señor colocaban los pies sobre la roca de sus promesas. Durante la lucha en Augsburg, Luther 'no pasó ni un día sin devotar tres horas por lo menos a la oración, y fueron horas escogidas entre aquellas más favorables al estudio.' En el aislamiento de su cámara le escuchaban a derramar su alma delante de Dios en palabras 'llenas de adoración, temor, y esperanza, como cuando uno habla con un amigo.' ' Yo sé que tú eres nuestro Padre y nuestro Dios,' dijo él, 'esparcirá a los perseguidores de tus hijos; porque tú mismo estás en peligro junto con los otros. Todo este asunto es tuyo, y es solamente por tu constreñimiento que hemos puesto en nuestras manos a ello. ¡Defiéndenos entonces, o Padre!'"—*El Conflicto de los Siglos*, p. 192.

Capítulo 11

Las Lluvias Temprana y Tardía

La lluvia temprana primero—"Podemos ser seguros de que cuando el Espíritu Santo sea derramado, aquellos que no recibieron ni apreciaron la lluvia temprana no verán ni apreciarán el valor de la lluvia tardía".—*Testimonios para los Ministros*, p. 399.

"Como el rocío y la lluvia son dados primero para que la simiente germine, y entonces para madurar la cosecha, así el Espíritu Santo es dado para llevar adelante, de una etapa a otra, el proceso de crecimiento espiritual. . . . A menos que las lluvias tempranas han hecho su trabajo, la lluvia tardía no puede traer ninguna simiente a la perfección".—*Testimonios para los Ministros*, p. 506.

"Muchos en gran medida fracasaron en recibir la lluvia temprana. No han obtenido todos los beneficios que Dios así les ha proporcionado. Ellos esperan que la falta será suplida por la lluvia tardía. Cuando la abundancia de gracia más rígida será dada, ellos se proponen a abrir sus corazones para recibirla. Están bien equivocados. . . . A menos que estamos avanzando diariamente en la ejemplificación de las virtudes cristianas activas, no vamos a reconocer las manifestaciones del espíritu Santo en la lluvia tardía. Puede ser que caiga en corazones en todo nuestro rededor, pero no vamos a discernirlo ni recibirlo".—*Testimonios para los Ministros*, p. 508.

"Si no hacemos progreso, si no nos colocamos en una actitud para recibir tanto la lluvia temprana bien como la tardía, perderemos nuestras almas, y la responsabilidad descansará a nuestra propia puerta".—*Testimonios para los Ministros, p. 508.*

Poder y vida—"La energía creadora que llamó los mundos a la existencia está en la palabra de Dios. Esta palabra imparte poder; ella genera vida. . . . transforma la naturaleza y crea de nuevo el alma a la imagen de Dios".—*Educación*, p. 126.

El bautismo necesitado—"Lo que necesitamos es el bautismo del Espíritu Santo. Sin esto, no estamos más equipados para salir al mundo que fueron los discípulos después de la crucifixión de su Señor. Jesús conocía su destitución, y les mandó para quedar en Jerusalén hasta que fueran imbuidos con poder del alto".—*Review and Herald*, 18 febrero 1890.

Orar por ella—"Debemos orar tan fervientemente por la venida del Espíritu Santo como los discípulos oraron en el día de Pentecostés. Si ellos lo necesitaban en aquel tiempo, lo necesitamos aún más hoy".—*5 Testimonios*, p. 147.

Ser listos siempre—"No tengo tiempo específico sobre el cual hablar acerca de cuándo el derramamiento del espíritu Santo ocurrirá—cuándo aquel ángel fuerte vendrá del cielo, y se unirá con el tercer ángel para cerrar la obra de este mundo; mi mensaje es que nuestra única seguridad es en estar siempre listos para el refresco celestial, teniendo nuestras lámparas ajustadas y encendidas".—*7 Comentario Bíblico*, p. 984 (RH 29.03.1892). [Nótense: Léase todo de "Orar por la Lluvia Tardía," *Testimonios para los Ministros*, pp. 506-512. Es muy importante.]

Capítulo 12

Buscando a Dios en Oración

Un privilegio maravilloso—"El Señor nos da el privilegio de buscarlo individualmente en oración sincera, de dejar con él nuestros pesares, escondiendo nada de él, quien nos ha invitado, 'Venid a mí todos los que estáis trabajados y cargados, y yo os haré descansar'. O cuán gratos debemos ser que Jesús es dispuesto y hábil para llevar nuestras enfermedades y fortalecer y sanar nuestras dolencias cuando conveniente para nuestro bien y su gloria".—*El Ministerio Médico*, p. 16.

Satanás captará a los que no buscan a Dios—"Los que no escudriñan sinceramente las escrituras y no rinden cada deseo y propósito de la vida a la prueba infalible, todos que no buscan a Dios en oración por un conocimiento de su voluntad, seguramente van a desviarse del camino recto y caer bajo la decepción de Satanás".—*5 Testimonios*, p. 179.

Trae toda ayuda necesaria—"Debemos tener menos confianza en lo que nosotros mismos podemos hacer, y más confianza en lo que el Señor puede hacer por nosotros y a través de nosotros. No estás envuelto en tu propia obra; estás haciendo la obra de Dios. Rinde tu voluntad y tu camino a él. No tengas ni una sola reserva, ni un solo compromiso contigo mismo. Sabe lo que significa ser libre en Cristo. . . .

"Al pedir al Señor para ayudarte, honra a tu Señor por creer que sí, que recibes su bendición. Todo poder, toda sabiduría, están a nuestra disposición. Solamente tenemos que pedir.

"Anda continuamente en la luz de Dios. Medita día y noche en su carácter. Entonces verás su hermosura y regocijarás en su bondad. Tu corazón brillará con una sensación de su amor. Serás elevado como si por los brazos eternos. Con el poder y la luz que Dios provee, puedes comprender más y cumplir más que jamás creíste posible".—*El Ministerio de la Curación*, p. 411.

Capítulo 13

Oración y Confianza

Mil maneras—"Nuestro Padre celestial tiene mil maneras para proveer por nosotros, de las cuales sabemos nada. Aquellos que aceptan el único principio de hacer supremo el servicio de Dios, van a encontrar que las perplejidades desaparecen y un camino abre delante de sus pies".—*El Ministerio de la Curación*, p. 382.

Una vida de confianza—"Una vida en Cristo es una vida de tranquilidad. Puede ser que no haya una sensación de éxtasis, pero debe haber una confianza constante y pacífica. Tu esperanza no está en ti mismo; está en Cristo. Tu debilidad está unida a su fuerza, tu ignorancia a su sabiduría, tu flaqueza a su poder perdurable. De manera que no tienes que mirar a ti mismo, ni dejar que la mente te enfoque en ti, sino en Cristo. Permite que la mente enfoque en su amor, su hermosura, su perfección, su carácter. Cristo en su abnegación, Cristo en su humillación. . . . Cristo en su amor sin par—esto es el asunto de la contemplación del alma. Es en amarle a él, imitarle, depender completamente de él, que seamos transformados a su similitud".—*El Camino a Cristo*, p. 70.

Si nos rendimos—"Si rendimos nuestras vidas para su servicio, no podemos nunca llegar a ser colocados en una posición por la cual Dios no ha hecho provisión. Cualquier que sea nuestra situación, tenemos un Guía para dirigir nuestro camino; cualquier que sean nuestras perplejidades, tenemos un Consejero seguro; cualquier que sea nuestro llanto, privación, o solicitud, tenemos un Amigo simpatizante. Si en nuestra ignorancia tomamos pasos falsos, Cristo no nos deja. Su voz, clara y distinta, se oye diciendo, 'Yo soy el Camino, la Verdad, y la Vida'".—*Palabras de Vida del Gran Maestro*, p. 136.

Confíate a él—"La preocupación es ciega, y no puede discernir el futuro; pero Jesús ve del fin al principio. . . .

"En el corazón de Cristo donde reinaba perfecta armonía con Dios, había paz perfecta. El nunca fue movido por aplauso, ni entristecido por censura o deserción. Entre la oposición más grande y el tratamiento más cruel, siempre era de buen coraje. Pero varios que profesan ser sus seguidores tienen un corazón ansioso y perturbado, porque no se confían a ellos mismos a Dios".—*El Deseado de Todas las Gentes*, p. 297.

Ayudará a los que confían en él—"Dios hará grandes cosas para aquellos que confían en él. La razón porque su pueblo profesado no tiene más poder es que ellos confían mucho en su propia sabiduría, y no dan al Señor una oportunidad de revelar su poder en su favor. El ayudará a sus hijos creyentes en cada emergencia si ponen su entera confianza en él y fielmente le obedecen".—*Patriarcas y Profetas*, p. 526.

Capítulo 14

La Oración y la Reverencia

Una sensación de la grandeza y la presencia de Dios—"La verdadera reverencia es inspirada por una sensación de su grandeza infinita y una realización de su presencia. Con este sentido del Invisible el corazón de cada hijo debe llevar una impresión profunda".—*Educación*. p. 242.

"No hay otra manera de manifestar reverencia tan grata que la obediencia a lo que él ha dicho".—*Educación*, p. 244.

La obediencia procede del corazón—"Cada verdadera obediencia procede del corazón. Era la obra del corazón con Cristo. Y si permitimos, él se identificará a si mismo tanto con nuestros pensamientos y metas, tanto unir nuestros corazones y mentes en conformidad a su voluntad, que cuando le obedecemos, será como estamos llevando a cabo nuestros propios impulsos. . . . Cuando conocemos a Dios, como es nuestro privilegio a hacer, nuestra vida será una vida de obediencia continua. A través de una apreciación del carácter de Cristo, a través de comunión con Dios, el pecado llegará a ser odioso para nosotros".—*El Deseado de Todas las Gentes*, p. 621.

Con humildad y reverencia—"La humildad y la reverencia deben caracterizar el comportamiento de todos que entran en la presencia de Dios. En el nombre de Jesús podemos llegar delante de él con confianza, pero no debemos aproximarle con la intrepidez de la presunción, como él estuviera a nuestro nivel. Hay algunos que se dirigen al gran y todopoderoso y santo Dios, que habita en la luz inalcanzable, como fueran a dirigirse a un igual, o aún a un inferior. . . . Estos deben acordarse de que están en la vista de Aquel que los serafines adoran, delante de quien los ángeles cubren sus rostros".— *Patriarcas y Profetas*, p. 256.

Dios está en el lugar de la oración—"La hora y el lugar de la oración son sagrados, porque Dios está allí; y a medida que la reverencia se manifiesta en actitud y conducta, la sensación que la inspira será más profunda. 'Santo y reverendo es su nombre', declara el salmista. Ángeles, cuando hablan ese nombre, cubren sus rostros. ¡Con qué reverencia entonces, debemos nosotros, quienes somos caídos y pecaminosos, llevarlo sobre nuestros labios!"—*Obreros Evangélicos*, p. 187.

"Mi santuario tendréis en reverencia"—"Al alma humilde y creyente, la casa de Dios en la tierra es el portal del cielo. El himno de alabanza, la oración, las palabras habladas por los representantes de Cristo, son las agencias apuntadas por Dios para preparar a un pueblo para la iglesia de cima, para aquella adoración más elevada, en la cual nada que profane puede entrar".—*5 Testimonios*, p. 463.

Reverencia por su nombre y Palabra—"La reverencia debe ser mostrada también por el nombre de Dios. Nunca se debe mencionar ese nombre casualmente o descuidadamente".—*Educación*, p. 243

"Debemos mostrar reverencia para la Palabra de Dios. Debemos mostrar respeto para el volumen impreso, nunca poniéndolo a usos comunes o manoseándolo en forma descuidada".—*Educación*, p. 244.

Capítulo 15

Oración y Diligencia

El testimonio de una vida santa—"Carácter es poder. El testimonio silencioso de una vida verdadera, desinteresada, y santa lleva una influencia casi irresistible. Revelando en nuestra propia vida el carácter de Cristo, cooperamos con él en la obra de salvar a las almas. Es solamente por revelar en nuestra vida su carácter que podemos cooperar con él. Y lo más ancho el esfera de nuestra influencia, más bien podemos hacer. Cuando aquellos que profesan servir a Dios siguen el ejemplo de Cristo, practicando los principios de la ley en su vida diaria; cuando cada hecho da testimonio que ellos aman a Dios supremamente y a su prójimo como a sí mismos, entonces la iglesia tendrá poder para mover el mundo".—*Palabras de Vida del Gran Maestro*, p. 275.

Irradia desde dentro—"El carácter verdadero no está formada desde afuera y después puesta; él irradia desde dentro. Si deseamos dirigir a otros en el camino de la justicia, los principios de justicia tienen que ser guardados en nuestros propios corazones".—*El Deseado de Todas las Gentes*, p. 273.

Un argumento que nadie puede negar—"Nuestra influencia sobre otros depende no tanto en lo que decimos sino en lo que somos. Los hombres pueden combatir y desafiar nuestra lógica, pueden resistir nuestros asociados; pero una vida de amor desinteresado es un argumento que no se puede negar. Una vida constante, caracterizada por la mansedumbre de Cristo, es un poder en el mundo. . . . La Palabra de Dios, dicha por uno quien es por sí mismo santificado por ella, tiene un poder que da vida que la hace atractiva a los oyentes, y les convence que es una realidad viva. Cuando uno ha recibido la verdad por amor de ella, lo hará manifiesto en la persuasión de su manera y los tonos de su voz".—*El Deseado de Todas las Gentes*, p. 116.

La influencia de la atmósfera que nos rodea—"Cada alma es rodeada por una atmósfera propia—una atmósfera, puede ser, cargada con el poder vivificador de la fe. . . . O puede ser pesada y fría con la obscuridad de descontentamiento y egoísmo . . . . Por medio de la atmósfera que nos rodea, cada persona con la cual entramos en contacto es conscientemente o inconscientemente afectada".—*Palabras de Vida del Gran Maestro*, p. 274.

Capítulo 16

La Oración y El Regocijo

Alabanza, la atmósfera del cielo—"La melodía de la alabanza es la atmósfera del cielo; y cuando el cielo llega en contacto con la tierra, hay música y canto—'alegría y gozo, alabanza y voces de canto'".—*Educación*, p. 161.

Jesús enfrentó la tentación con un canto—"Con un canto, Jesús en su vida terrenal enfrentó la tentación. A menudo cuando palabras agudas y picantes fueron expresadas, a menudo cuando la atmósfera en su rededor estaba pesada con tinieblas, con mal contentamiento, desconfianza, o temor opresivo, se oía su canto de fe y alegría santa".—*Educación*, p. 166.

Estudio, meditación, y canto—"El estudió la Palabra de Dios, y sus horas de felicidad más grande se encontraban cuando podía tornarse de las escenas de sus labores . . . para tener comunión con Dios. . . . De mañana bien temprano muchas veces se encontraba en algún lugar apartado, meditando, buscando las escrituras, o en oración. Con la voz de canto daba la bienvenida a la luz matutina. Con cánticos de gracias él alegraba sus horas de labor, y traía la alegría del cielo a los cansados y desanimados".—*El Ministerio de la Curación*, p. 34.

Usando el canto contra el desánimo—"El canto es un arma que siempre podemos usar contra el desánimo. Cuando así abrimos el corazón a la luz de la presencia del Salvador, tendremos su salud y su bendición".— *El Ministerio de la Curación*, p. 196.

La gratitud promueve la salud—"Nada tiende más a promover la salud de cuerpo y alma que un espíritu de gratitud y alabanza. Es un deber positivo resistir pensamientos y sentimientos melancólicos y malcontentos—un deber tan importante como lo es de orar".—*El Ministerio de la Curación*, p. 194.

Alegrando el camino—"Bien como los hijos de Israel, viajando por el desierto, alegraban su camino por la música de canto sagrado, así Dios pide a sus hijos hoy de alegrar su vida peregrina. Hay pocos medios más efectivos para fijar sus palabras en la memoria que en repetirlas en canto. Y tal canto tiene poder maravilloso".—*Educación*, p. 167.

Ecos del coro celestial—"Mientras nuestro Redentor nos guía a la entrada del Infinito, lleno de la gloria de Dios, podemos recoger los temas de alabanza y gracias del coro celestial alrededor del trono; y mientras el eco del cántico de los ángeles es despertado en nuestros hogares terrenales, corazones quedarán más prójimos a los cantantes celestiales. Aquí aprendemos la nota tónica de su alabanza".—*Educación*, p. 168.

El cántico de esperanza y confianza—"En medio de las sombras profundas de la última y más grande crisis de la tierra, la luz de Dios brillará al máximo, y el cántico de esperanza y confianza se escuchará en tonos más claros y elevados".—*Educación*, p. 166.

Capítulo 17

El Poder de la Oración

Fuerza adquirida—"Los que buscan a Dios en secreto, diciendo al Señor sus necesidades y suplicando por ayuda, no van a suplicar en vano. 'Tu Padre que ve en lo secreto te recompensará en público'. Al hacer de Cristo nuestro Compañero diario, sentiremos que los poderes de un mundo invisible nos rodean; y mirando a Jesús llegaremos a ser asimilados a su imagen. En contemplar estamos cambiados. El carácter se ablanda, se refina, se ennoblece para el reino celestial. El resultado seguro de nuestra comunicación y compañerismo con nuestro Señor será de aumentar la piedad, la pureza, y el fervor. Habrá un aumento de inteligencia en la oración. Estamos recibiendo una educación divina, y eso se ilustra en una vida de inteligencia y celo.

"El alma que se torna hacia Dios por su ayuda, su poder, mediante oración diaria y sincera, tendrá aspiraciones nobles, percepciones claras de verdad y deber, propósitos altos de acción, y una continua hambre y sed por la justicia. En mantener una conexión con Dios, seremos habilitados para difundir a otros, a través de nuestra asociación con ellos, la luz, la paz, la serenidad, que regla en nuestros corazones. El poder adquirido en oración con Dios, unido con esfuerzo perseverante en trenar la mente en consideración y cuidado, prepara uno por los deberes diarios y mantiene el espíritu en paz bajo todas las circunstancias".—*El Discurso Maestro de Jesús*, p. 74.

La fuente del poder de Cristo—"El poder de Cristo estaba en la oración. . . Cristo se retiró a las arboledas o las montañas con el mundo y todo lo demás dejados fuera. Estaba a solas con su Padre. Con sinceridad intensa, derramó sus súplicas, y avanzó todo el poder de su alma en tomar la mano del Infinito. Cuando pruebas nuevas y grandes le enfrentaban, se escondía a la soledad de las montañas, y pasaba la noche entera en oración con su Padre celestial.

"Como Cristo es nuestro ejemplo en todas las cosas, si copiamos su ejemplo en oración a Dios sincera e importuna para que tengamos poder en su nombre, quien nunca se entregó a las tentaciones de Satanás para resistir las maniobras del enemigo astuto, no seremos vencidos por él".—*Hijos e Hijas de Dios*, p. 138.

Poder y gracia—"Poder y gracia se pueden encontrar en la oración. Amor sincero tiene que ser el principio dominante del corazón".—*2 Testimonios*, p. 423.

Preparación para los deberes diarios—"La fuerza adquirida en oración a Dios nos va a preparar para los deberes diarios. Las tentaciones a las cuales somos diariamente expuestos hacen de la oración una necesidad. Para que seamos guardados por el poder de Dios a través de la fe, los deseos de la mente deben continuamente ascender en oración silenciosa. Cuando estamos rodeados por influencias calculadas a llevarnos fuera de Dios, nuestras peticiones por ayuda y fuerza tienen que ser incansables. A no ser así, nunca tendremos éxito en conquistar el orgullo y superar el poder de la tentación a las indulgencias pecaminosas que nos impiden del Salvador. La luz de la verdad, santificando la vida, descubrirá al receptor las pasiones pecaminosas de su corazón que luchan por el dominio, y que le hace necesario estirar cada nervio y ejercer todos sus poderes para resistir Satanás para que conquiste a través de los méritos de Cristo".—*Mensajes para los Jóvenes*, p. 174.

Nos guarda en paz—"La fuerza adquirida en oración a Dios, unida con el esfuerzo individual en entrenar la mente hacia consideración y cuidado, prepara uno para los deberes diarios y mantiene el espíritu en paz bajo todas las circunstancias, no importa cuán difíciles. Las tentaciones a las cuales somos diariamente expuestos hacen de la oración una necesidad. Para que seamos guardados por el poder de Dios a través de la fe, los deseos de la mente deben ser continuamente ascendentes en oración silenciosa por ayuda, por luz, por fuerza, por sabiduría. Pero pensamiento y oración no pueden tomar el lugar de mejoramiento sincero y fiel del tiempo. Trabajo y oración son ambos requeridos en perfeccionar el carácter cristiano".—*4 Testimonios*, p. 450.

Más oración y menos hablar—"Come menos. Ocúpate en labor físico, y dedica tu mente a cosas espirituales. Guarda la mente de pensar en ti mismo. Cultiva un espíritu contento y gozoso. Hablas demasiado sobre cosas no importantes. No ganas fuerza espiritual de eso. Si la energía gastada en hablar fuera dedicada a la oración, irías a recibir fuerza espiritual y harías melodía en tu corazón a Dios".—*2 Testimonios*, p. 387.

Puede ser desplazado—"Tienes que cuidar, para que las actividades de la vida no te lleven a descuidar la oración en la hora cuando tú más necesitas la fuerza que la oración iba a darte. La santidad está en peligro de ser dejada de lado del alma por demasiada devoción a negocios. Es un gran mal defraudar el alma de la fuerza y sabiduría celestial que esperan tu demanda".—*5 Testimonios*, p. 529.

El poder del cristiano—"La razón por la cual algunos son inquietos es que no van a la única fuente de la felicidad. Siempre están tratando de encontrar fuera de Cristo la felicidad que sólo se encuentra en él. En él no hay esperanzas decepcionadas. O ¡cómo se descuida el precioso privilegio de la oración! . . . La oración es el poder del cristiano. Cuando a solas, no está a solas; él siente la presencia de Uno que dijo, 'He aquí yo estoy con vosotros todos los días'".—*My Life Today*, p. 158.

Preparación para la crisis—"Los siervos de Cristo no debían preparar un discurso fijo para presentar cuando llevados al juicio. Su preparación debía ser hecha día por día en atesorar las verdades preciosas de la Palabra de Dios, y mediante la oración fortalecer su fe. Cuando llevados al juicio, el Espíritu Santo iba a traer a su memoria las mismas verdades que necesitaban.

"Un esfuerzo diario y sincero para conocer a Dios, y a Jesucristo a quien envió, traería poder y eficiencia al alma. El conocimiento obtenido por la búsqueda diligente de las Escrituras brillaría en la memoria en la hora cierta. Pero si uno hubiera dejado de familiarizarse con las palabras de Cristo, si no hubiera probado el poder de su gracia en las pruebas, no podría esperar que el Espíritu Santo traería sus palabras a su memoria. Tenían que servir a Dios diariamente con afecciones no divididas, y entonces confiarse en él".—*El Deseado de Todas las Gentes*, p. 321.

El ejemplo de Cristo es para nosotros—"Jesús mismo, mientras habitaba entre los hombres, estaba a menudo en oración. Nuestro Salvador se identificó con nuestras necesidades y debilidades, en lo que llegó a ser un suplicante, un peticionario, pidiendo de su Padre nuevas provisiones de poder, para que saliera capacitado por deber y prueba. El es nuestro ejemplo en todo".—*El Camino a Cristo*, p. 93.

Capituló 18

Orar y Trabajar

Oración y labor—"Tendrás que luchar con dificultades, llevar cargas, dar consejo, planear y ejecutar, mirando constantemente a Dios por ayuda. Orar y trabajar, trabajar y orar; como estudiantes en la escuela de Cristo, aprende de Jesús".—*Testimonios para los Ministros*, p. 498.

Orar y trabajar—"No debemos sentarnos en expectación calma para opresión y tribulación, y doblar las manos, haciendo nada para desviar el mal. Que nuestras súplicas unidas sean enviadas al cielo. Orar y trabajar, trabajar y orar. Que nadie se comporte temerariamente. Aprende como nunca antes que debes ser manso y humilde de corazón".—*2 Mensajes Selectos*, p. 425.

Orar, trabajar, y creer—"Debemos orar y trabajar y creer. El Señor es nuestra eficiencia".—*Evangelismo*, p. 321.

Capítulo 19

La Oración Ascendente

El escucha la oración sincera—"Nuestro Padre celestial espera para conferirnos la plenitud de su bendición. Es nuestro privilegio beber bastante de la fuente de amor sobreabundante. ¡Qué maravilla que oramos tan poco! Dios está listo y dispuesto a oír la oración sincera del más humilde de sus hijos".—*El Camino a Cristo*, p. 94.

Asciende como incienso—"La oración de un corazón sincero asciende como incienso delante del Señor".—*6 Comentario Bíblico*, p. 1059 (RH 09.05.1893).

Registradas por los ángeles—"Debemos ahora familiarizarnos con Dios por probar sus promesas. Ángeles registran cada oración fervorosa y sincera. Sería mejor dejar las gratificaciones egoístas que dejar la comunión con Dios. La pobreza más profunda, la abnegación más grande, con su aprobación, es mejor que las riquezas, los honores, la tranquilidad, y la amistad sin ésta. Debemos tomar tiempo para orar. Si dejamos nuestras mentes a ser absortas por intereses mundanos, el Señor posiblemente nos dará tiempo por sacar de nosotros nuestros ídolos de oro, de hogares, o de tierras fértiles".—*El Conflicto de los Siglos*, p. 606.

Dios mismo contesta—"La Biblia nos muestra a Dios en su lugar alto y santo, no en un estado de inactividad, no en silencio y soledad, mas rodeado por diez mil veces diez mil y miles y miles de inteligencias santas, todos esperando para hacer su voluntad. A través de canales que no podemos discernir, él está en comunicación activa con toda parte de su dominio. Pero está en esta mota de un mundo, en las almas por las cuales él dio a su Hijo unigénito para salvar, que su interés y el interés de todo el cielo está centrado. Dios se inclina de su trono para oír el llanto del oprimido. A cada oración sincera él responde, 'Aquí yo estoy'. El levanta al angustiado y oprimido. En toda aflicción él está afligido. En cada tentación y cada prueba el ángel de su presencia está cerca a librar".—*El Deseado de Todas las Gentes*, p. 323.

Profundiza nuestras convicciones—"Diariamente nuestras condiciones necesiten ser reforzadas por oración humilde y sincera y la lectura de la Palabra. Mientras todos tenemos una individualidad, mientras todos debemos tener firmemente nuestras convicciones, debemos tenerlas como la verdad de Dios y en el poder que Dios imparte. Si no, serán sacadas de nuestro agarro".—*6 Testimonios*, p. 401.

Cuando el alma se humilla—"Procuremos andar en la luz como Cristo está en la luz. El Señor tornó la cautividad de Job cuando éste oró, no sólo por sí mismo, pero también por aquellos que le oponían. Cuando él sinceramente se sintió deseoso que las almas que traspasaron contra él podrían ser ayudadas, él mismo recibió ayuda. Vamos a orar, no solamente por nosotros mismos, pero también porque ellos que nos han herido, y siguen hiriéndonos. Ora, ora, especialmente en tu mente. No da descanso al Señor; porque sus oídos están abiertos para oír oraciones sinceras e importunas, cuando el alma se humilla delante de él".—*3 Comentario Bíblico*, p. 1141 (Carta 88, 1906).

Llevado en conexión con su mente—"Pero si venimos a Dios, sintiéndonos impotentes y dependientes, como realmente somos, y en fe humilde y confiada le hacemos conocidas nuestras necesidades, cuyo conocimiento es infinito, quien ve todo en la creación, y quien gobierna todo por su voluntad y palabra, él atenderá nuestro pleito y dejar la luz brillar en nuestros corazones. A través de oración sincera nosotros somos traídos en conexión con la mente del Infinito. Puede ser que no tengamos evidencia notable en ese momento que el rostro de nuestro Redentor está inclinado sobre nosotros en compasión y amor, pero eso es cierto. Puede ser que no nos sintamos su toque visible, pero su mano está sobre nosotros en amor y ternura simpatizante".—*El Camino a Cristo*, p. 97.

Nunca perdida—"Que todos que están afligidos o usados injustamente, lloren a Dios. Tórnate de aquellos cuyos corazones son como el acero, y haz sus pedidos a tu Creador. Nunca se rechaza a aquel que le aproxima con un corazón contrito. Jamás es perdida la oración sincera. Entre los himnos del coro celestial, Dios escucha los llantos del ser humano más débil. Derramamos los deseos de nuestros corazones en nuestros lugares escondidos, respiramos una oración mientras andamos en el camino, y nuestras palabras alcanzan al trono del Monarca del universo. Pueden ser inaudibles al oído humano, pero no pueden morir en el silencio, y pueden ser perdidas a través de las actividades de negocios que toman plazo. Nada puede ahogar los deseos del alma. Suben por encima del ruido de la calle, por encima de la confusión de la multitud, a las cortes celestiales. Es Dios a quien estamos hablando, y nuestra oración se oye".—*Palabras de Vida del Gran Maestro*, p. 137.

Solicitada por el Espíritu—"La religión que proviene de Dios es la única religión que llevará a Dios. Para servirle correctamente, tenemos que nacer del Espíritu divino. Esto purificará el corazón y renovará la mente, dándonos una nueva capacidad para conocer y amar a Dios. Nos dará una obediencia dispuesta para todos sus requerimientos. Esta es la verdadera adoración. Es el fruto de la obra del Espíritu Santo. Por el Espíritu cada oración sincera es redactada, y tal oración es aceptable a Dios. Dondequiera que un alma se extiende hacia Dios, allí la obra del Espíritu se manifiesta, y Dios se va a revelar a aquella alma. Por tales adoradores él busca. El espera para recibirlos, y hacerlos sus hijos e hijas".—*El Deseado de Todas las Gentes*, p. 159.

Será contestada—"Pide, entonces; pide, y recibirás. Pide por la humildad, la sabiduría, el coraje, el aumento de fe. A cada oración sincera vendrá una respuesta. Puede ser que no venga exactamente como deseas, o en la hora que la esperas; pero vendrá en la manera y en la hora que mejor sirve tu necesidad. A las oraciones que ofreces en la soledad, en el cansancio, en la prueba, Dios responde, no siempre según tus expectaciones, pero siempre para tu bien".— *Obreros Evangélicos*, p. 271.

Capítulo 20

La Oración Sincera

Orando en sinceridad—"Por lo tanto, a medida que nos damos a nosotros a Dios, y ganar otras almas para él, apuramos la venida de su reino. Solamente aquellos que se dedican a su servicio, diciendo, 'Heme aquí, envíame a mí' (Isaías 6:8), para abrir los ojos ciegos, para retornar a los hombres 'de las tinieblas a la luz, y de la potestad de Satanás a Dios; para que reciban, por la fe que es en mí, perdón de pecados y herencia entre los santificados' (Hechos 26:18)— sólo éstos oran en sinceridad, 'Venga tu reino'".—*El Discurso Maestro de Jesucristo*, p. 93.

Una característica especial—"Somos obligados por deber a aprovecharnos en gran parte de la tesorería del conocimiento divino. Dios quiere que recibamos mucho, para que impartamos mucho. El desea que seamos canales por los cuales él puede impartir ricamente de su gracia al mundo.

"Que sinceridad y fe caractericen tus oraciones. El Señor está dispuesto a hacer para nosotros 'mucho más abundantemente de lo que pedimos o entendemos' (Efesios 3:20). Háblala, órala. No hables incredulidad. No nos es conveniente permitir que Satanás vea que él tiene el poder de ensombrecer nuestros rostros y entristecer nuestras vidas".—*7 Testimonios*, p. 259.

Probados por el deber—"Los que tienen un amor natural por el mundo y han faltado en su deber pueden ver sus propias faltas especificadas en los casos de otros que han sido reprobados. Dios planea probar la fe de todos que reclaman ser los seguidores de Cristo. El probará la sinceridad de las oraciones de todos que reclaman de desear sinceramente conocer su deber. El hará obvio el deber. El dará a todos una oportunidad amplia a desarrollar lo que está en sus corazones. El conflicto será fino entre el yo y la gracia de Dios. El yo luchará por el dominio y se opondrá a la obra de conformar la vida y los pensamientos, la voluntad y las afecciones, en sucesión a la voluntad de Cristo. La abnegación y la Cruz se encuentran en todo el camino hacia la vida eterna".—*2 Testimonios*, p. 606.

Comprobados por nuestra obediencia—"La sinceridad de tus oraciones serán comprobada por el vigor del esfuerzo que haces para obedecer todos los mandamientos de Dios. Tu puedes moverte inteligentemente, y a cada paso renunciar hábitos y asociaciones malos, creyendo que el Señor renovará tu corazón por el poder de su Espíritu.

"No des excusas por sus defectos de carácter, pero en la gracia de Cristo conquístalos".—*My Life Today*, p. 104.

Capítulo 21

Objetivos de la Oración

Imitando la vida de Cristo—"Como Dios es puro en su esfera, el hombre tiene que ser en el suyo. Y él será puro si Cristo está formado en su interior, la esperanza de la gloria; porque él imitará la vida de Cristo y reflejará su carácter".—*Obreros Evangélicos*, p. 379.

El Espíritu Santo en nuestros corazones y hogares—"Para ser purificados y para quedar puros, los adventistas del séptimo día tienen que tener el Espíritu Santo en sus corazones y en sus hogares".—*9 Testimonios*, p. 131.

"Si alguna vez hubo un tiempo cuando necesitamos la obra del Espíritu de Dios en nuestros corazones y vidas, es ahora. Vamos a apropiarnos de este poder divino para poder para vivir una vida de santidad y auto-rendimiento".—*9 Testimonios*, p. 133.

Todo bajo su control—"Mientras trabajamos en conexión con el Gran Maestro, las facultades mentales se desarrollan. La conciencia está bajo dirección divina. Cristo toma el ser entero bajo su control. . . . Nuevos y ricos pensamientos le vienen [al individuo]. Luz es dada al intelecto, determinación a la voluntad, sensibilidad a la conciencia, pureza a la imaginación".—*6 Testimonios*, p. 474.

Los puros de corazón aquí—"En la Ciudad de Dios nada entrará que ensucia. Todos que pretenden ser habitantes allá llegarán a ser puros de corazón aquí. En uno que está aprendiendo de Jesús, se manifestará un disgusto creciente por maneras descuidadas, lenguaje inconveniente, y pensamiento grueso. Cuando Cristo habita en el corazón, habrá pureza y refinamiento de pensamiento y manera".—*El Discurso Maestro de Jesucristo*, p. 25.

Contemplándolo aquí—"Si estamos deseosos de entrar en la Ciudad de Dios, y mirar a Jesús en su gloria, tenemos que acostumbrarnos a contemplarlo con el ojo de la fe aquí. Las palabras y el carácter de Cristo deben ser con frecuencia el asunto de nuestros pensamientos y nuestra conversación; y cada día algún tiempo debe ser especialmente dedicado a la meditación devota sobre estos temas sagrados".—*Mensajes para los Jóvenes*, p. 79.

Crecer en su similitud—"Mirando hacia Jesús obtenemos vistas de Dios más brillantes y más distintas, y en mirar llegamos a ser cambiados. La bondad, el amor por nuestro prójimo, llega a ser nuestro instinto natural. . . . Creciendo en su similitud, hacemos más grande nuestra capacidad para conocer a Dios".—*Palabras de Vida del Gran Maestro*, p. 289.

Vivir ahora como en su presencia—"Los puros de corazón viven como en la presencia visible de Dios durante el tiempo que él les proporciona en este mundo. Y también lo verán cara a cara en el estado futuro inmortal".—*Palabras de Vida del Gran Maestro*, p. 27.

Entonces cara a cara—"Contemplamos la imagen de Dios reflejada, como en un espejo, en las obras de la naturaleza y en su trato con el hombre; pero entonces lo veremos cara a cara".— *La Historia de la Redención*, p. 452.

A través del estudio de las Escrituras—"Las Santas Escrituras son la norma perfecta de la verdad, y como tal deben recibir el lugar más elevado en la educación. Para obtener una educación digna del nombre, debemos recibir un conocimiento de Dios, el Creador, y de Cristo, el Redentor, porque ellos son revelados en la Sagrada Palabra.

"Cada ser humano, creado a la imagen de Dios, es dotado con un poder semejante al de su Creador— individualidad, poder para pensar y hacer".—*Educación*, p. 17.

"Al meditar sobre la perfección de su carácter, la mente se renueva, y el alma es recreada a la imagen de Dios. . . .

"Más elevado que el pensamiento humano más alto puede alcanzar es el ideal de Dios para sus hijos. Santidad—siendo como Dios—es el blanco a ser alcanzado".—*Educac*ión, p. 18.

Conocimiento experimental—"O, ¿conocemos a Dios como debemos? ¡Qué comodidad, que gozo, deberíamos tener, si fuéramos a aprender diariamente las lecciones que él desea que aprendamos! Tenemos que conocerle por un conocimiento experimental. Será provechoso para nosotros pasar más tiempo en oración secreta, en llegar a conocer personalmente a nuestro Padre celestial".—*El Ministerio Médico*, p. 132.

El alma recreada a la imagen de Dios—"El conocimiento de Dios como revelado en Cristo es el único conocimiento que todos los salvos deben tener. Es el conocimiento que produce transformación de carácter. Este conocimiento, recibido, va a recrear el alma a la imagen de Dios. Impartirá a todo el ser un poder espiritual que es divino.

"Como Jesús fue en su naturaleza humana, así Dios desea que sean sus seguidores. En su poder tenemos que vivir la vida de pobreza y nobleza que el Salvador vivía".—*El Ministerio de la Curación*, p. 322.

Estudiar las profecías—"Las profecías deben ser estudiadas, y la vida de Cristo comparada con los escritos de los profetas. El se identifica con las profecías, declarando vez tras vez, Ellos escribieron de mi; Ellos testifican de mi. La Biblia es el único libro que da una descripción positiva de Cristo Jesús, y si cada ser humano la estudiara como su libro de texto, y la obedeciera, ni un alma sería perdida".—*La Educación Cristiana*, p. 253.

La Palabra produce vida—"La energía creadora que llamó los mundos para la existencia está en la Palabra de Dios. Esta Palabra imparte poder; produce vida. Cada mandamiento es una promesa; aceptado por la voluntad, recibido en el alma, trae la vida del Infinito. Transforma la naturaleza y recrea el alma a la imagen de Dios".—*La Educación*, p. 126.

Conversando con Dios—"Si mantenemos al Señor siempre delante de nosotros, . . . tendremos una frescura continua en nuestra vida religiosa. Nuestras oraciones tomarán la forma de una conversación con Dios como si habláramos con un amigo".—*Palabras de Vida del Gran Maestro*, p. 100.

Capítulo 22

Inclinándonos en Oración - 1

Jesús nuestro ejemplo—"Que Dios enseñe a su pueblo como orar. Que los maestros en nuestras escuelas y los ministros en nuestras iglesias, aprendan diariamente en la escuela de Cristo. Entonces orarán con sinceridad, y sus pedidos serán escuchados y contestados. Entonces la Palabra será proclamada con poder.

"Tanto en la oración pública como en la privada, es nuestro privilegio inclinarnos sobre las rodillas delante del Señor cuando le ofrecemos nuestras peticiones. Jesús, nuestro ejemplo, 'puesto de rodillas oró' (Lucas 22:41). De sus discípulos es registrado que ellos también 'se [pusieron] de rodillas y oró' (Hechos 9:40; 20:36; 21:5). Pablo declaró, 'Por esta causa doblo mis rodillas ante el Padre de nuestro

Señor Jesucristo' (Efesios 3:14). Al confesar delante de Dios los pecados de Israel, Esdras se arrodilló. Véase Esdras 9:5. Daniel 'se arrodillaba tres veces al día, y oraba y daba gracias delante de su Dios' (Daniel 6:10).

"La verdadera reverencia por Dios es inspirada por una sensación de su grandeza infinita y una realización de su presencia. Con esta sensación del Invisible, cada corazón debe ser profundamente impresionado. La hora y lugar de oración son sagrados, porque Dios está allí; y cómo la reverencia se manifiesta en actitud y comportamiento, la sensación que la inspira llegará a ser más profunda. 'Santo y temible es su nombre' (Salmo 111:9), declara el salmista. Ángeles, cuando hablan ese nombre, cubren sus rostros. ¡Con tal reverencia entonces, debemos nosotros, que son caídos y pecaminosos, tomarlo sobre nuestros labios!

"Sería muy bueno que ancianos y jóvenes pensaran bien sobre las palabras de las Escrituras que muestran cómo el lugar marcado por la presencia especial de Dios debe ser considerado. 'Quita tu calzado de tus pies, porque el lugar en que tú estás, tierra santa es' (Éxodo 3:5). Jacob, después de contemplar la visión de ángeles, declaró, 'Ciertamente Jehová está en este lugar, y yo no lo sabía. . . . No es otra cosa que casa de Dios, y puerta del cielo' (Génesis 28:16, 17).

"'Jehová está en su santo templo; calle delante de él toda la tierra' (Habacuc 2:20)."—*Obreros Evangélicos*, p. 188.

La humildad de Salomón—"La humildad de Salomón a la vez que el empezó a tomar cargo del estado, cuando dio a conocer delante de Dios, 'Yo soy joven' (1 Reyes 3:7), su amor marcado para Dios, su reverencia profunda por las cosas divinas, su desconfianza en si mismo, y su exaltación del Creador infinito de todo—todos estos rasgos de carácter, tan dignos de emulación, fueron revelados durante los servicios en conexión con la terminación del templo, cuando durante su oración dedicatoria se arrodilló en la posición humilde de un pedidor. Los seguidores de Cristo hoy deben llegar a su Creador—con humildad y temor, a través de la fe en su divino Mediador. El salmista ha declarado, 'Porque Jehová es Dios grande, y Rey grande sobre todos los dioses. . . . Venid, adoremos y postrémonos; Arrodillémonos delante de Jehová nuestro Hacedor' (Salmo 95:3-6) ".—*Profetas y Reyes*, p. 33.

La oración de Salomón en la asamblea—"'En medio del atrio' del templo se había hecho 'un estrado de bronce', o plataforma, 'de cinco codos de largo, de cinco codos de ancho, y la altura de tres codos'. Salomón se puso de pie y con manos elevadas bendijo a la vasta multitud por delante. 'Y toda la congregación de Israel estaba en pie' (2 Crónicas 6:13, 3)."

"'Bendito sea Jehová Dios de Israel', declaró Salomón, 'quien con su mano ha cumplido lo que prometió con su boca a David mi padre, diciendo . . . A Jerusalén he elegido para que en ella esté mi nombre' (versículos 4-6).

"Salomón entonces se arrodilló sobre la plataforma, y en los oídos de toda la gente ofreció la oración dedicatoria. Levantando sus manos hacia el cielo, mientras la congregación estaba inclinada con sus rostros hacia la tierra, el rey imploró: 'Jehová Dios de Israel, no hay Dios semejante a ti en el cielo ni en la tierra, que guardas el pacto y la misericordia con tus siervos que caminan delante de ti de todo su corazón' (versículo 14)".—*Profetas y Reyes*, p. 28.

Todos se inclinaron durante la oración pública—"El rey Salomón se puso de pie sobre una plataforma de bronce delante del altar y bendijo al pueblo. Entonces se arrodilló y, con sus manos elevadas, derramó oración sincera y solemne a Dios mientras la congregación se inclinaba con sus rostros hacia la tierra. Después de que Salomón había concluido su oración, un fuego milagroso cayó del cielo y consumió el sacrificio".—*La Historia de la Redención*, p. 199.

Un ejemplo para los ministros—"Según la luz que me ha sido dada, agradaría a Dios que los ministros se inclinaran el momento que entran en el púlpito, y solemnemente pidieran ayuda de parte de Dios. ¿Qué impresión haría eso? Habría solemnidad y temor sobre la gente. Solemnidad descansa sobre el pueblo, y los ángeles de Dios se traen muy de cerca. Ministros deben mirar hacia Dios como la primera cosa cuando entran en el púlpito, así diciendo para todos: Dios es la fuente de mi poder".—*2 Testimonios*, p. 542.

Cada rodilla debe inclinar—"Cuando el ministro entra, debe ser con un porte digno y solemne. El debe inclinarse en oración silenciosa el momento que entra en el púlpito, y sinceramente pedir ayuda de Dios. ¡Qué impresión esto haría! Habría solemnidad y temor entre el pueblo. Su ministro está comunicando con Dios; él está entregándose a Dios antes de que se a atreve a ponerse delante de la gente. Solemnidad descansa sobre todos, y los ángeles de Dios se traen muy de cerca. Cada uno de la congregación, también, que teme a Dios debe con cabeza inclinada unirse en oración silenciosa con él, que Dios bendiga a la asamblea con su presencia y dé poder a su verdad proclamada por labios humanos. Cuando la reunión se abre con oración, cada rodilla debe inclinarse en la presencia del Santo, y cada corazón debe ascender a Dios en devoción silenciosa. Las oraciones de los adoradores fieles serán oídas, y el ministerio de la Palabra se verá eficaz. La actitud sin vida de los adoradores en la casa de Dios es una gran razón por la cual el ministerio no produzca mejor. La melodía de canto, derramada de muchos corazones en palabras claras y distintas, es uno de los instrumentos de Dios en la obra de salvar a las almas. Todo el servicio debe ser conducido con solemnidad y temor, como si estuviera en la presencia visible del Maestro de asambleas".—*5 Testimonios*, p. 465.

Una posición natural—"Muchos opinen que el orar hiere sus órganos vocales más que el hablar. Eso es consecuencia de la posición antinatural del cuerpo, y la manera de mantener la cabeza. Pueden ponerse de pie y hablar, y no sentir herido. La posición en oración debe ser perfectamente natural".—*2 Testimonios*, p. 545.

Como Esdras oraba—"A la hora del sacrificio vespertino Esdras se levantó, y, una vez más rascando su ropa y su manto, se cayó sobre sus rodillas y derramó su alma en súplica al cielo. Abriendo sus manos hacia Dios, exclamó, 'Dios mío, confuso y avergonzado estoy para levantar, oh Dios mío, mi rostro a ti, porque nuestras iniquidades se han multiplicado sobre nuestra cabeza, y nuestros delitos han crecido hasta el cielo' (Esdras 9:6)".—*Profetas y Reyes*, p. 457.

La oración de Jacob—"A solas y desprotegido, Jacob se inclinó en gran angustia sobre la tierra. Era la medianoche. Todos que le habían hecho la vida cara estaban a buena distancia, expuestos al peligro y a la muerte. Más amargo de todo era que fue su propio pecado que había traído este peligro sobre los inocentes. Con llantos sinceros y lágrimas hacía su oración delante de Dios".—*Patriarcas y Profetas*, p. 196.

Prostrado en oración—"Donde él [Cristo] está inclinado en la ciudad sobre la tierra pedregosa, de repente los cielos se abren, y los portales de oro de la ciudad de Dios están abiertos bien ancho, y resplandor santo desciende sobre el monte, rodeando la forma del Salvador. La divinidad de dentro irradia por la humanidad, y se encuentra la gloria viniendo de cima. Levantándose de su posición prostrada, Cristo está de pie en majestad divina. La agonía del alma se fue. Su rostro ahora brilla 'como el sol', y sus ropas son' blancas como la luz'".—*El Deseado de Todas las Gentes*, p. 389.

Sobre la tierra—"Considérale contemplando el precio a ser pago por el alma humana. En su agonía él se aferra a la tierra fría, como si previniéndose de ser estirado más lejos de Dios. El rocío escalofriante de la noche cae sobre su forma frustrada, pero no se da cuenta. De sus labios pálidos viene el llanto amargo, 'Padre mío, si es posible, pase de mi esta copa.' Pero aún ahora añade, 'Pero no sea como yo quiero, sino como tú'".—*El Deseado de Todas las Gentes*, p. 637.

Cayendo prostrado—"Apartándose, Jesús una vez más buscó su retiro, y cayó prostrado, superado por el horror de una gran obscuridad. La humanidad del hijo de Dios temblaba en aquella hora de prueba. Oró ahora por sus discípulos que su fe no fracase, pero también por su propia alma tentada y agonizante. El momento terrible había llegado—ese momento que iba a decidir el destino del mundo".—*El Deseado de Todas las Gentes*, p. 641.

El ejemplo de Daniel—"Cuando Daniel supo que el edicto había sido firmado, entró en su casa, y abiertas las ventanas de su cámara que daban hacia Jerusalén, se arrodillaba tres veces al día, y oraba y daba gracias delante de su Dios, como lo solía hacer antes".—Daniel 6:10.

Tus rodillas deben inclinar—"La mente te fue dada para que comprendas cómo trabajar. Los ojos te fueron dados para que seas perspicaz a discernir las oportunidades que Dios te da. Los oídos deben escuchar los mandamientos de Dios. Las rodillas deben inclinar tres veces por día en oración sincera. Los pies deben correr en el camino de los mandamientos de Dios. Pensamiento, esfuerzo, talento, se deben ejercer, para que seas preparado a graduar para la escuela de cima, y escuchar de los labios de Uno que ha vencido todas las tentaciones en nuestro lugar, las palabras: 'Al que venciere, le daré que se siente conmigo en mi trono, así como yo he vencido, y me he sentado con mi Padre en su trono'".—6 *Testimonios*, p. 300.

El ejemplo de Pablo—"Cuando hubo dicho estas cosas, se puso de rodillas, y oró con todos ellos. Entonces hubo gran llanto de todos; y echándose al cuello de Pablo, le besaban, doliéndose en gran manera por la palabra que dijo, de que no verían más su rostro. Y le acompañaron al barco".—Hechos 20:36-38.

El ejemplo de Pedro—"El corazón del apóstol fue tocado de simpatía al contemplar su llanto. Entonces, dirigiendo que los amigos que lloraban fueran enviados del cuarto, él se inclinó y oró fervorosamente a Dios para que restaure a Dorcas la vida y la salud. Tornándose al cuerpo, dijo, 'Tabita, levántate'. Y ella abrió sus ojos y cuando vio a Pedro, se sentó'. Dorcas había sido de gran servicio a la Iglesia, y Dios tuvo a bien de traer de vuelta de la tierra del enemigo, para que su destreza y energía aún pudieran ser una bendición para otros, y también para que por esta manifestación de su poder la causa de Cristo pudiera ser fortalecida".—*Hechos de los Apóstoles*, p. 107.

Capítulo 23

Inclinándonos en Oración - 2

Preparación para servir—"Queda esperando, mirando para toda oportunidad para presentar la verdad, familiar con las profecías, familiar con las lecciones de Cristo. Pero no confíes en argumentos gran preparados. Argumento en sí no es suficiente. Dios tiene que ser buscado sobre las rodillas; tienes que salir para encontrarte con la gente a través del poder y de la influencia de su Espíritu".—2 *Comentario Bíblico*, p. 1004 (RH 01.07.1884).

Una verdad profunda para el pueblo de Dios en estos últimos días—"Yo he recibido cartas preguntándome tocante a la actitud apropiada de la persona ofreciendo oración al Soberano del universo. ¿Dónde habrá nuestros hermanos obtenido la idea de que deben ponerse de pie cuando oran a Dios? A uno que ha sido educado por aproximadamente cinco años en Battle Creek le fue pedido al dirigir en oración antes de que la Hermana White debiera hablar a la gente. Pero cuando yo le observaba poniéndose de pie mientras los labios estaban por abrirse en oración a Dios, mi alma estaba movida por dentro para darle un reproche abierto. Llamándole por nombre, le dije, ' De rodillas'. Esta es la posición apropiada siempre.

"'Y él se apartó de ellos a distancia como de un tiro de piedra; y puesto de rodillas oró' (Lucas 22:41).

"'Entonces, sacando a todos, Pedro se puso de rodillas y oró; y volviéndose al cuerpo, dijo: Tabita, levántate. Y ella abrió los ojos, y al ver a Pedro, se incorporó' (Hechos 9:40).

"'Y apedreaban a Esteban, mientras él invocaba y decía: Señor Jesús, recibe mi espíritu. Y puesto de rodillas, clamó a gran voz: Señor, no les tomes en cuenta este pecado. Y habiendo dicho esto, durmió' (Hechos 7:59, 60).

"'Cuando hubo dicho estas cosas, se puso de rodillas, y oró con todos ellos' (Hechos 20:36).

"'Cumplidos aquellos días, salimos, acompañándonos todos, con sus mujeres e hijos, hasta fuera de la ciudad; y puestos de rodillas en la playa, oramos' (Hechos 21:5).

"'Y a la hora del sacrificio por la tarde me levanté de mi aflicción, y habiendo rasgado mi vestido y mi manto, me postré de rodillas, y extendí mis manos a Jehová mi Dios, y dije: Dios mío, confuso y avergonzado estoy para levantar, oh Dios mío, mi rostro a ti, porque nuestras iniquidades se han multiplicado sobre nuestra cabeza, y nuestros delitos han crecido hasta el cielo' (Esdras 9:5, 6).

"'Venid, adoremos y postrémonos; arrodillémonos delante de Jehová nuestro Hacedor' (Salmo 95:6).

"'Por esta causa doblo mis rodillas ante el Padre de nuestro Señor Jesucristo' (Efesios 3:14). Y este capítulo, si el corazón es receptivo, será la más preciosa lección que podamos aprender.

"Inclinarse cuando en oración a Dios es la actitud apropiada a ocupar. Este acto de adoración fue requerido de los tres cautivos hebreos en Babilonia. . . . Pero tal acto fue un homenaje a darle a Dios sólo—el Soberano del mundo, el Gobernador del universo; y estos tres hebreos rehusaron dar tal honor a cualquier ídolo aunque compuesto de oro puro. Hacer así, iban a todo intento y propósito inclinarse delante del rey de Babilonia. Rehusando hacer como el rey había mandado, sufrieron la pena, y fueron lanzados en el horno de fuego. Pero Cristo vino en persona y anduvo con ellos en el fuego, y ellos recibieron ningún daño.

"Tanto en la oración pública y privada es nuestro deber doblarnos sobre las rodillas delante de Dios cuando le ofrecemos nuestras peticiones. Este hecho muestra nuestra dependencia de él.

"En la dedicación del templo, Salomón se puso de frente al altar. En la corte del templo había un estrado o una plataforma de bronce, y después de ascenderla, se puso de pie y levantó sus manos al cielo, y bendijo la inmensa congregación de Israel, y toda la congregación de Israel se puso en pie. . . .

"'Porque Salomón había hecho un estrado de bronce de cinco codos de largo, de cinco codos de ancho y de altura de tres codos, y lo había puesto en medio del atrio; y se puso en cima, se arrodilló delante de toda la congregación de Israel, y extendió sus manos al cielo' (2 Crónicas 6:13).

"La oración larga que él entonces ofreció fue apropiada para la ocasión. Fue inspirada por Dios, respirando los sentimientos de la piedad altísima mezclados con la humildad más profunda.

"Presento estos textos de prueba con la pregunta, '¿Dónde obtuvo el Hermano H su educación?—En Battle Creek. ¿Será posible que con toda la luz que Dios ha dado a su pueblo sobre el asunto de la reverencia, que pastores, directores, y maestros en nuestras escuelas, por precepto y ejemplo, enseñan a los jóvenes a ponerse rectos en devoción como los fariseos? ¿Debemos nosotros observar esto como significante de su autosuficiencia y auto-importancia? ¿Deben estas características llegar a ser obvias?

"'A algunos que confiaban en sí mismos como justos, y menospreciaban a los otros, dijo [Jesús] también esta parábola: Dos hombres subieron al templo a orar: uno era fariseo, y el otro publicano. El fariseo, puesto en pie, oraba consigo mismo de esta manera: Dios, te doy gracias porque no soy como los otros hombres, ladrones, injustos, adúlteros, ni aun como este publicano; ayuno dos veces a la semana, doy diezmos de todo lo que gano'. Nótese, fue el fariseo, justo en sus propios ojos, que no estaba en una posición de humildad y reverencia delante de Dios; pero poniéndose de pie en su autosuficiencia jactanciosa, dijo a Dios todos sus hechos buenos. 'El fariseo . . . oraba consigo mismo' (Lucas 18:11); y su oración alcanzó sólo a su propia altura.

"'Mas el publicano, estando lejos, no quería ni siquiera alzar los ojos al cielo, sino que se golpeaba el pecho, diciendo: Dios, sé propicio a mí, pecador. Os digo que éste descendió a su casa justificado antes que el otro; porque cualquiera que se enaltece, será humillado; y él que se humilla será enaltecido' (Lucas 18:13, 14).

"Esperamos que nuestros hermanos no manifiesten menos reverencia y temor al aproximarse a la única verdadera y viviente Dios que los paganos manifiestan por sus dioses idólatras, o aquellos pueblos serán nuestros jueces en el día de la decisión final. Hablaría a todos que ocupan el lugar de maestros en nuestras escuelas: Hombres y mujeres, no deshonréis a Dios por vuestra irreverencia y pomposidad. No os pongáis en pie en vuestro fariseísmo para ofrecer vuestras oraciones a Dios. Desconfiéis en vuestra propia fuerza. No dependáis de ella; sino frecuentemente inclinéis sobre las rodillas delante de Dios y le adoréis.

"Y cuando os reunáis para adorar a Dios, tengáis cuidado de inclinar las rodillas delante de él. Que este acto testifique que toda alma, cuerpo, y espíritu estén sujetos al Espíritu de la verdad. ¿Quién ha buscado la Palabra muy de cerca por ejemplos y dirección al respecto? ¿En quién podemos confiar como maestros en nuestras escuelas en América y países lejanos? Después de años de estudio, ¿deben los alumnos volver a sus propios países con ideas perversas del respecto y honor y reverencia que deben ser dados a Dios, y sentir ninguna obligación a honrar a los hombres de pelo gris, hombres de experiencia, siervos escogidos por Dios que han sido conectados con la obra de Dios a través de casi todos los años de sus vidas? Aconsejo a todos que asisten a las escuelas en América o en cualquier otro lugar, no recibáis el espíritu de irreverencia. Tengáis la seguridad de que comprendáis por vosotros mismos qué tipo de educación necesitáis, para que podáis educar a otros para obtener una actitud de carácter que va a superar la prueba que luego vendrá sobre todos que viven en la tierra. Asócienos con los cristianos más sólidos. No escojáis a instructores o estudiantes pretenciosos, sino a aquellos que demuestren la piedad lo más profunda, a aquellos que tengan un espíritu de inteligencia en las cosas de Dios.

"Estamos viviendo en tiempos peligrosos. Los adventistas del séptimo día son declaradamente el pueblo de Dios que guardan los mandamientos; pero están perdiendo su espíritu devocional. Este espíritu de reverencia por Dios enseña a los hombres como aproximar a su Hacedor—con santidad y temor a través de la fe, no en sí mismos, pero en un Mediador. Así el hombre se mantiene seguro, bajo cualquier circunstancia que se encuentra. El hombre tiene que venir de rodilla doblada, como sujeto de la gracia, un suplicante al escabel de la misericordia. Al recibir las misericordias diarias de la mano de Dios, él debe siempre atesorar gratitud en su corazón, evitar expresión en palabras de gracias y alabanza por estos favores no merecidos. Ángeles han guardado su camino a través de toda su vida, y muchas de las trampas de las cuales ha sido liberto, él no ha visto. Y por esta guardia y cuidado por ojos que no cierran ni duermen, él debe reconocer en cada oración el servicio de Dios a su favor.

"Todos deben apoyarse en Dios en su flaqueza y necesidad diarias. Deben mantenerse humildes, vigilantes, y devotos. Alabanza y gracias deben fluir en gratitud y amor sincero por Dios.

"En la asamblea de los justos y en la congregación se debe alabar al Dios altísimo. Todos que tengan un sentido de su conexión vital con Dios deben ponerse delante de Dios como testigos por él, dando expresión del amor, de las misericordias, y de la bondad de Dios. Que las palabras sean sinceras, sencillas, honestas, inteligentes, el corazón ardiente con el amor de Dios, los labios santificados para su gloria no solamente para hacer conocer las misericordias de Dios en la asamblea de los santos, sino también para ser sus testigos en todo lugar. Los habitantes de la tierra tienen que saber que él es Dios, el único Dios verdadero y vivo.

"Debe haber un conocimiento inteligente de cómo llegar a Dios en reverencia y temor divino con amor devoto. Hay una falta creciente de reverencia por nuestro Hacedor, un descuidado en aumento de su grandeza y su majestad. Pero

Dios nos habla en estos últimos días. Escuchamos su voz en la tormenta, en el trueno rodante. Escuchamos de las calamidades que él permite en los terremotos, las inundaciones, y los elementos destructivos, llevando a todos en su camino. Sabemos de navíos que se funden en el mar tempestuoso. Dios habla a familias que han recusado a reconocerlo, a veces en el tornado con la tormenta, a veces cara a cara como habló con Moisés. Otra vez él susurra su amor al niño pequeño y fiel, y al viejo de pelo gris en su menoscabo. Y la sabiduría del mundo tiene una sabiduría al contemplar al Invisible.

"Cuando el silbo apacible y delicado que viene después de la tormenta, y la tempestad que mueve las rocas fuera de sus posiciones, se oyen, que todos cubran sus rostros, porque Dios está muy cerca. Que se escondan en Jesucristo; porque él es su escondido. La hendidura de la roca está escondida por su mano traspasada mientras el buscador humilde espera en actitud inclinada para cubrir lo que el Señor dice a su siervo"—*2 Mensajes Selectos*, pp. 359-364.

Capítulo 24

Cuando No Es Necesario Estar de Rodillas

El camino siempre abierto—"No podemos siempre estar sobre las rodillas en oración, pero el camino al propiciatorio está siempre abierto. Mientras envueltos en labor activo, podemos pedir ayuda; y nos es prometido por Uno que nunca nos decepciona, 'Recibiréis'. El cristiano puede hallar, y hallará, tiempo para orar. Daniel era un oficial; responsabilidades pesadas estaban sobre él; pero tres veces por día buscaba a Dios, y el Señor le daba el Espíritu Santo. Así hoy los hombres pueden llegar al pabellón del Altísimo y sentir la seguridad de su promesa, 'Mi pueblo habitará en morada de paz, en habitaciones seguras, y en recreos de reposo' (Isaías 32:18). Todos que realmente lo desean pueden encontrar un lugar de comunión con Dios, donde ningún oído puede oír sino el único abierto a los llantos de los impotentes, angustiados, y necesitados—el Único que toma nota aun de la queda del gorrión. El dice, 'Valéis vosotros que muchos pajarillos' (Mateo 10:31)".—*Consejos Sobre la Salud*, p. 420.

En los negocios y en tránsito—"No hay tiempo ni lugar en que es inapropiado ofrecer una petición a Dios. . . . En los gentíos de la calle, en medio de una cita de negocios, podemos enviar una petición a Dios, y pedir dirección divina, como Nehemías hizo cuando presentó su pedido delante del rey Artajerjes"—*2 Mensajes Selectos*, p. 364.

En labor o en la calle—"Es una cosa maravillosa que podemos orar con eficaz; que mortales indignos y errantes poseen el poder de ofrecer sus pedidos a Dios. ¿Qué poder más elevado que el hombre puede desear que esto—de ser vinculado con el Dios infinito? El hombre débil y pecaminoso tiene el privilegio de hablar con su Hacedor. Podemos proferir palabras que alcanzan al trono del Monarca del universo. Podemos hablar con Jesús mientras andamos por el camino, y él dice, Estoy a tu mano derecha.

"Podemos comunicar con Dios en nuestros corazones; podemos andar en compañerismo con Cristo. Mientras involucrado en nuestro labor diario podemos respirar los deseos del corazón, inaudibles a cualquier oído humano; pero aquella palabra no puede desaparecer al silencio, ni puede ser perdida. Nada puede ahogar el deseo del alma. El sube por encima del ruido de la calle, por encima del ruido de maquinaria. Es con Dios que estamos hablando, y nuestra oración se oye.

"Pide, entonces; pide, y recibirás. Pide por la humildad, la sabiduría, el coraje, el aumento de fe. A cada oración sincera vendrá una respuesta. Tal vez no venga como tú deseas, o en la hora que la buscas; pero vendrá en la manera y en la hora que mejor sirve tu necesidad. Las oraciones que ofreces en la soledad, en el cansancio, en la prueba, Dios responde, ni siempre según tus expectaciones, pero siempre para tu bien".—*Obreros Evangélicos*, p. 271.

A través del día—"La razón por la cual muchos se encuentran en lugares de tentación es que no ponen al Señor siempre por delante. Cuando permitimos que nuestra comunión con Dios quede desvinculada, nuestra defensa sale de nosotros. Vuestros propósitos buenos e intenciones buenas no os habilitarán a resistir el mal. Tenéis que ser hombres y mujeres de oración. Vuestras peticiones no pueden ser débiles, ocasionales, e irregulares, pero sinceras, perseverantes, y constantes. No es siempre necesario inclinar sobre las rodillas para orar. Cultivéis el hábito de hablar con el Salvador cuando estáis a solas, cuando andáis, y cuando estáis ocupados con el labor diario. Que el corazón siempre esté elevado en pedido silencioso, por luz, por fuerza, por conocimiento. Que cada respiración sea una oración".—*El Ministerio de la Curación*, p. 408.

Los pensamientos siempre para arriba—"En la obra de manutención del corazón tenemos que estar instantes en oración, no cansados en pedir al trono de la gracia por ayuda. Los que toman el nombre de cristiano deben venir a Dios en sinceridad y humildad, pidiendo ayuda. El Salvador nos ha dicho a orar sin cesar. El cristiano no puede estar siempre en la posición de orar, pero sus pensamientos y deseos pueden estar siempre para arriba. Nuestra autoconfianza desaparecería, si habláramos menos y oráramos más".—*3 Comentario Bíblico*, p. 1157 (YI 5.3.1903).

Cuando tentado—"La senda al trono de Dios está siempre abierta. No puedes siempre estar de rodillas en oración, pero tus peticiones silenciosas pueden ascender constantemente a Dios por poder y dirección. Cuando tentado, como serás, puedes huir al lugar secreto del Altísimo. Sus brazos eternos te estarán por debajo. Que estas palabras te den ánimo, 'Pero tienes unas pocas personas en Sardis que no han manchado sus vestiduras; y andarán conmigo en vestiduras blancas, porque son dignas'".—*Consejos Sobre la Salud*, p. 359.

Durante los negocios—"Dondequiera que estemos, cualquier que sea nuestra ocupación, nuestros corazones deben ser elevados a Dios en oración. Esto significa ser instantes en oración. No es necesario esperar hasta que podamos inclinar las rodillas, antes de orar. En cierta ocasión, cuando Nehemías se presentó delante del rey, preguntó por qué él se parecía triste, y cuál era su pedido. Pero Nehemías no se atrevía responder en seguida. Intereses importantes estaban en juego. El destino de una nación dependía de la impresión que entonces debía ser hecha en la mente del monarca; y Nehemías lanzó una oración al Dios del cielo antes de que se atrevía responder al rey. El resultado fue que obtuvo todo que pedía o deseaba".—*3 Comentario Bíblico*, p. 1136 (HS 144).

Trabajando al aire libre—"Si todos nuestros obreros fueran situados de tal manera que pudieran pasar algunas horas cada día trabajando al aire libre, y si sintieran libres para hacer esto, les sería una bendición; porque así podrían llevar a cabo con más éxito los deberes de su posición. Si no tienen tiempo para descanso por completo, podrían planear y orar mientras trabajan con las manos, y podrían volver a trabajar refrescados en cuerpo y espíritu".—*Consejos Sobre la Salud*, p. 566.

A menudo levantado—"Ora en el lugar secreto, y mientras que te ocupas en tu labor diario deja que tu corazón a menudo sea levantado. Fue así que Enoc andaba con Dios. Estas oraciones silenciosas suben como incienso precioso delante del trono de la gracia. Satanás no puede vencer a aquel cuyo corazón está así centrado en Dios"—*El Camino a Cristo*, p. 98.

Momentáneamente a recibir suministros—"Cristo siempre envía mensajes a los que escuchan su voz. . . .

"Satanás siempre trata de impresionar y controlar la mente, y nadie está seguro a no ser que tengamos una conexión constante con Dios. Momentáneamente tenemos que recibir suministros del cielo, y si quisiéramos ser mantenidos por el poder de Dios tenemos que ser obedientes a todos sus requerimientos.

"La condición de producir fruto es que permanezcas en la vid viviente. . . .

"Todos vuestros buenos propósitos e intenciones no os habilitarán a resistir la prueba de la tentación. Tenéis que ser hombres de oración. Vuestras peticiones no pueden ser débiles, ocasionales, o esporádicas, sino sinceras, perseverantes, y contantes. No es necesario estar a solas, o doblar las rodillas, para orar; pero en medio de vuestro labor se puede elevar el alma a Dios, apoderándose de su fuerza; entonces seréis hombres de propósito elevado y santo, de integridad noble, que ni por cualquier consideración seréis movidos de la verdad, la rectitud, y la justicia".—*4 Testimonios*, p. 534.

Dondequiera que estemos—"Debemos orar constantemente, con una mente humilde y con espíritu manso y abnegado. No tenemos que esperar por una oportunidad de arrodillarnos delante de Dios. Podemos orar y hablar con el Señor dondequiera que estemos".—*3 Mensajes Selectos*, p. 304.

Durante la oración de apelación final en las reuniones—(Léase *3 Mensajes Selectos*, pp. 305-308. La oración final es la única oración pública—en un servicio divino—que se ofrece mientras que de pie.)

Oración mientras que de pie—(Las únicas veces en la Biblia: Mateo 6:5— la oración de los hipócritas; Lucas 18:11, 12— la oración del fariseo jactancioso; Lucas 18:13, 14— la oración de un mundano ignorante inicialmente viniendo a Dios. Compárese *El Deseado de Todas las Gentes*, p. 458; *1 Testimonios*, p. 368; *El Camino a Cristo*, p. 31; *Palabras de Vida del Gran Maestro*, p. 116, 118-119, 122-123.)

¿Se puso de pie Salomón para orar?—(¿Se puso de pie Salomón para orar durante su oración a la dedicación del templo? Si fuera así, sería el único ejemplo en la Biblia de oración mientras que de pie en la adoración pública. 1 Reyes 8:22 no cuenta la historia toda. Léase *Patriarcas y Profetas*, p. 19 y *La Historia de la Redención*, p. 198. Primero, Salomón se puso de pie—y toda la congregación con él—y bendijo al pueblo [1 Reyes 8:14]. Entonces se puso de rodillas para orar—mientras la gente se postraron sobre sus rostros—y él pronunció aquella oración de adoración pública. La oración se encuentra en 2 Crónicas 6 y 1 Reyes 8. Cuando se terminó, él y la gente se levantaron a sus pies [léase 1 Reyes 8:54, 55], y entonces mientras estaban de pie él bendijo al pueblo otra vez y les incentivó a obedecer a Dios [1 Reyes 8:55-61]).

Capítulo 25

Las Promesas de la Oración

El propósito de las promesas de Dios—"Dios ha colocado las promesas en su Palabra para guiarnos a tener fe en él. En estas promesas él abre el velo de la eternidad, dándonos un vistazo del peso de la más excelente y eterna gloria que espera al vencedor".—*My Life Today*, p. 338.

Respuestas vendrán—"Las oraciones sencillas compuestas por el Espíritu Santo ascenderán por los portales abiertos, la puerta abierta que Cristo ha declarado: Yo he abierto, y nadie puede cerrar. Estas oraciones, mezcladas con el incienso de la perfección de Cristo, van a ascender como fragancia al Padre, y respuestas vendrán".—*6 Testimonios*, p. 465.

Hay ayuda en abundancia—"El hecho de que tú has sido bautizado en el nombre del Padre, del Hijo, y del Espíritu Santo es un seguro que, si reclama su ayuda, estos poderes te ayudarán en cada emergencia".—*6 Testimonios*, p. 104.

Ángeles serán enviados—"La guardería del hueste celestial es otorgada a todos que obrarán según las maneras de Dios y seguirán sus planes. Podemos en oración sincera y contrita llamar a nuestro lado a los ayudantes celestiales. Ejércitos invisibles de luz y poder trabajarán con el humilde, manso, y abnegado".—*1 Mensajes Selectos*, p. 113.

Ayuda por toda emergencia—"Trabajadores en los caminos ocupados de la vida, lleno de gente y casi abrumados con perplejidad, pueden enviar una petición a Dios por dirección divina. Viajantes por mar y tierra, cuando amenazados por algún gran peligro, pueden así cometerse a la protección del cielo. En tiempos de dificultad repentina o peligro del corazón puede enviar para arriba su llanto por ayuda a Uno que se ha comprometido a venir a la ayuda de sus fieles y creyentes cuando éstos le invocan".—*Profetas y Reyes*, p. 466.

Un amor que no cambia—"Si uno que diariamente comunica con Dios se desvía de la senda, si él vuelve por un momento de mirar tenazmente para Jesús, no es porque él peca voluntariamente; porque cuando él reconoce su error, vuelve de nuevo, y fija sus ojos en Jesús, y el hecho de que él se equivocó, no lo hace menos caro al corazón de Dios".—*Review and Herald*, 05.12.1896.

Reclamar por la fe cada promesa—"¿Es Jesús la verdad? ¿Quiere decir lo que dice? Responde firmemente, Sí, cada palabra. Entonces si tú lo has decidido, reclama por la fe cada promesa que él ha hecho, y recibe la bendición; porque esta aceptación por la fe da vida al alma. Puedes creer que Jesús es verdadero para ti, aunque te sientes ser el más débil y más indigno de sus hijos".—*Testimonios para los Ministros*, p. 517.

Capítulo 26

Oraciones Privadas

La oración privada es diferente—"[En reuniones públicas] en ocasiones comunes no debía haber oración que dure más que diez minutos. Después de haber un cambio de posición, y el servicio de cantos o la exhortación ha aliviado la rutina, entonces, si unos sienten la carga de oración, que oren.

"Todos deben sentir como un deber cristiano a orar corto. Dile al Señor lo que quieres, sin andar por todo el mundo. En la oración privada todos tienen el privilegio de orar cuanto quieren y de ser tan explícito como desean. Pueden orar por toda su familia y amigos. El lugar secreto es donde se puede contar todas las dificultades privadas, pruebas, y tentaciones. Una reunión común en la cual se adora a Dios no es el lugar de abrir los secretos del corazón.

"¿Cuál es el objetivo de reunirse juntos? ¿Será para informar a Dios, para instruirlo por contarle todo que sabemos en oración?"—*2 Testimonios*, p. 512.

Todas son esenciales—"La oración privada, la oración familiar, la oración en asambleas públicas para la alabanza de Dios—todas son esenciales. Y tenemos que vivir nuestras oraciones. Tenemos que cooperar con Cristo en su obra".—*7 Testimonios*, p. 227

Matadores del culto de oración—"Temo que hay algunos que no llevan sus problemas a Dios en oración privada, pero los reserva para el culto de oración, y allá hacen sus oraciones por todos los días. Podemos decir que tales son matadores de conferencias y cultos de oración. Emanan ninguna luz; edifican a nadie. Sus oraciones frías y congeladas, y testimonios largos y apóstatas lanzan una sombra. Todos regocijan cuando terminan, y es casi imposible despojar del frío y oscuridad que sus oraciones y exhortaciones traen a la reunión. De la luz que yo he recibido, nuestras relaciones deben ser espirituales y sociales, y no muy largas. La reserva, el orgullo, la vanidad, y el temor del hombre deben quedar en casa. Pequeñas diferencias y prejuicios no deben ser llevados con nosotros a estas reuniones. Como en una familia unida, la simplicidad, la mansedumbre, la confianza, y el amor deben existir en los corazones de hermanos y hermanas que se reúnen para ser rescatados y animados mediante uniendo sus luces".—*2 Testimonios*, p. 512.

La oración privada no publica—"Los fariseos tenían horas ciertas para la oración; y cuando, como ciertas veces ocurría, estaban afuera a la hora marcada, iban a parar dondequiera que estaban—quizás en la calle o en el mercado, dentro del gentío de los hombres—y allá en voz alta declarar sus oraciones formales. Tal culto, ofrecido generalmente por la auto glorificación, provocaba reprensión liberal de Jesús. Sin embargo, él no desaprobaba la oración pública, porque él mismo oraba con sus discípulos y en la presencia de la multitud. Pero él enseña que la oración privada no se debe exponer públicamente. En devoción secreta nuestras oraciones deben alcanzar los oídos de ninguno a no ser los de Dios que oye. Ningún oído curioso que recibir el peso de tales peticiones.

"'Cuando ores, entra en tu aposento'. Ten un lugar para la oración secreta. Jesús tenía lugares selectos para comunión con Dios, y así debemos nosotros. Debemos a menudo retirarnos a algún lugar, no importa cuán humilde, donde podemos estar a solas con Dios.

"'Ora a tu Padre que está en secreto'. En el nombre de Jesús podemos ir a la presencia de Dios, con la confianza de un niño. No se necesita a ningún hombre para tomar la parte de un mediador. A través de Jesús podemos abrir nuestros corazones a Dios como a Uno que nos conoce y nos ama.

"En el lugar secreto de la oración, donde ningún ojo sino de Dios puede ver, ningún oído a no ser el suyo puede oír, podemos derramar los deseos y anhelos más ocultos al Padre de piedad infinita, y en la quietud y silencio del alma aquella voz que nunca falta a responder al llanto de la necesidad humana hablará a nuestros corazones".—*El Discurso Maestro de Jesucristo*, p. 72.

Capítulo 27

Salvaguardias para El Futuro

Un "Así dice el Señor"—"Cuando Satanás urge sus sugerencias en nuestras mentes, si apreciamos un 'Así dice el Señor' podemos ser atraídos al pabellón secreto del Altísimo".—*6 Testimonios*, p. 393.

Conocimiento de la verdad una defensa—"Aquellos que buscan en sinceridad un conocimiento de la verdad y luchan para purificar sus almas a través de la obediencia, así haciendo lo que pueden para prepararse por el conflicto, encontrarán, en el Dios de la verdad, una defensa segura. 'Por cuanto has guardado la palabra de mi paciencia, yo también te guardaré" (Apocalipsis 3:10), es la promesa del Salvador. El preferiría enviar cada ángel del cielo para proteger su pueblo que dejar a un alma que confía en él a ser vencido por Satanás".—*El Conflicto de los Siglos*, p. 547.

Las Escrituras una salvaguardia—"El pueblo de Dios es dirigido a las Escrituras como salvaguardia contra la influencia de maestros falsos y el poder decepcionado de los espíritus de la oscuridad. Satanás usa cada mecanismo posible para prevenir que los hombres obtengan un conocimiento de la Biblia, porque sus dichos claros revelan sus decepciones. . . . El último gran engaño luego se va a abrir delante de nosotros. . . . El falsificado parecerá tan semejante al verdadero que será imposible distinguir entre ellos a no ser por las Escrituras sagradas. Por su testimonio se debe probar cada declaración y cada milagro. . . .

"Solamente los que han fortificado la mente con las verdades de la Biblia quedarán de pie durante el último gran conflicto".— *El Conflicto de los Siglos*, p. 579.

Acordando de que hay—"Jesús prometió a sus discípulos: 'Mas el Consolador, el Espíritu Santo, a quien el Padre enviará en mi nombre, él os enseñará todas las cosas, y os recordará todo lo que yo os he dicho'. Pero las enseñanzas de Cristo debían haber sido previamente guardadas en la mente para que el Espíritu de Dios pudiera traerlas a nuestra memoria en la hora del peligro".— *El Conflicto de los Siglos*, p. 585.

Brillará en la memoria—"Un esfuerzo diario y sincero para conocer a Dios, y a Jesucristo a quien envió, traería poder y eficiencia al alma. El conocimiento obtenido por la búsqueda diligente de las Escrituras brillaría en la memoria en la hora cierta. Pero si uno había dejado de llegar a conocer las palabras de Cristo . . . no pudieran esperar que el Espíritu Santo traería sus palabras a la memoria. Deben servir a Dios diariamente con afección indivisa, y entonces confiarse en él".—*El Deseado de Todas las Gentes*, p. 321.

"Está escrito"—"El pueblo de Dios afligido y probado tiene que declararse sobre la Palabra viva. 'Está escrito.'"—*9 Testimonios*, p. 15.

Capítulo 28

Estar Mucho en la Oración Secreta

Estar mucho en—"Debemos estar mucho en la oración secreta. Cristo es la vid, y vosotros sois las ramas. Y si quisiéramos crecer y abundar, debemos continuamente recibir savia y nutrición de la Vid Viviente; porque separados de la vid, no tenemos fuerza.

"Pregunté al ángel por qué no había más fe y poder en Israel. Dijo él, 'Vosotros soltéis el brazo del Señor muy repentinamente. Presionéis vuestras peticiones al trono, y os aferréis con fe fuerte. Las promesas son seguras. Creáis que recebéis las cosas que pidáis, y las tendréis".—*Primeros Escritos*, p. 73.

¡Cuán preciosas!—"Cuando el corazón está dividido, concentrando principalmente en las cosas del mundo, y muy poco en las cosas de Dios, no puede haber un aumento especial de la fuerza espiritual. Emprendimientos mundanos reclaman la mayor parte de la mente, requiriendo el ejercicio de sus poderes; de manera que en esta dirección a esfuerzo y poder para reclamar más y más del interés y de las afecciones, mientras menos y menos es reservado para demostrar a Dios. Es imposible que el alma florezca mientras la oración no es un ejercicio especial de la mente. La oración familiar o pública solas no son suficientes. La oración secreta es muy importante; en soledad el alma queda abierta al ojo observante de Dios, y cada motivo es examinado. ¡La oración secreta! ¡Cuán preciosa! ¡El alma comunicándose con Dios! La oración secreta solo se oye por el Dios de la oración. Ningún oído curioso tiene que recibir la carga de tales peticiones. En la oración secreta el alma está libre de las influencias que rodean, libre de excitación. Calmamente, pero fervorosamente, alcanzará a Dios. La oración secreta es frecuentemente pervertida, y sus propósitos dulces perdidos, por oración en voz alta. En lugar de la confianza y fe calmas y quietas, el alma atraída en tonos bajos y humildes, la voz se eleva a un volumen alto, y la emoción se promueve, y la oración secreta pierde su influencia mansa y sagrada. Hay una tormenta de emoción, una tormenta de palabras, haciendo imposible discernir el silbo apacible y delicado que habla al alma mientras envuelto en su devoción secreta, verdadera, y de corazón. La oración secreta, apropiadamente empleada, produce lo buenísimo. Pero la oración públicamente declarada a la familia entera y el vecindario no es oración pública, aunque así pensada, y la fuerza divina no recibida de ella. Dulce y permanente será la influencia que emana de él que ve en secreto, cuyo oído está abierto para responder a la oración que sube del corazón. Por la fe calma y sencilla el alma mantiene comunión con Dios y toma para sí rayos de luz divinos para fortalecerla y sostenerla para soportar los conflictos de Satanás. Dios es nuestro torre de poder".—*2 Testimonios*, p. 171.

Trae su galardón—"En medio de los peligros de estos últimos días, la única seguridad para la juventud queda en la vigilancia y la oración en aumento. El joven que encuentra su gozo en leer la Palabra de Dios, y en la hora de la oración, estará constantemente refrescado por tragos de la fuente de la vida. El obtendrá una altura de excelencia moral y una anchura de pensamiento que otros no pueden comprender. La comunión con Dios promueve pensamientos buenos, aspiraciones nobles, percepciones claras de la verdad, y propósitos enaltecidos de acción. Los que así se vinculan con Dios son aceptados por él como hijos e hijas. Están constantemente llegando alto y más alto, logrando vistas más claras de Dios y de la eternidad, hasta que el Señor los hace canales de luz y sabiduría para el mundo.

"Pero la oración no es entendida como debe ser. Nuestras oraciones no sirven para informar a Dios de algo que ya no sabe. El Señor conoce los secretos de cada alma. Nuestras oraciones no tienen que ser muy largas y ruidosas. Dios lee los pensamientos ocultos. Podemos orar en secreto, y él que ve en secreto escuchará, y nos recompensará en seguida.

"Las oraciones que son ofrecidas a Dios para contarle toda nuestra miseria, cuando no nos sentimos miserables de ninguna manera, son oraciones de hipocresía. Es la oración contrita que Dios reconoce. 'Porque así dijo el Alto y Sublime, él que habita la eternidad, y cuyo nombre es el Santo: Yo habito en la altura y la santidad, y con el quebrantado y humilde de espíritu, para hacer vivir el espíritu de los humildes, y para vivificar el corazón de los quebrantados' [Isaías 57:15].

"La oración no es para hacer cualquier cambio en Dios; ella nos trae a nosotros en harmonía con Dios. No toma el lugar del deber. La oración ofrecida a menudo y con sinceridad nunca será aceptada por Dios en lugar de nuestro diezmo. La oración no va a pagar nuestras deudas a Dios. . . ."—*Mensajes para los Jóvenes*, p. 174.

El comienzo del mal—"El mismo comienzo del mal fue un descuido de vigilancia y oración secreta, entonces vino un descuido de otros deberes religiosos, entonces se abrió el camino para todos los pecados que siguieron. Todo cristiano será asaltado por las atracciones del mundo, los clamores de la naturaleza carnal, y las tentaciones directas de Satanás. Nadie está seguro. No importa lo que haya sido nuestra experiencia, no importa cuán elevado nuestro estatus, necesitamos vigilar y orar constantemente. Tenemos que ser controlados diariamente por el Espíritu de Dios o seremos controlados por Satanás".—*5 Testimonios*, p. 96.

Las diversiones descalifican—"La idea es de tener una diversión grande. Sus diversiones empiezan en locura y terminan en vanidad. Nuestras reuniones deben ser conducidas de tal manera, y debemos conducirnos a nosotros mismos de tal manera, que cuando volvemos a nuestros hogares podemos tener una conciencia vacía de ofensa hacia Dios y hacia el hombre; un conocimiento que no hemos herido ni lesionado de ninguna manera a aquellos con quienes hemos asociado, o no hemos tenido una influencia perjudicial sobre ellos. . . .

"Cualquier diversión en la cual te envuelves y sobre la misma pides la bendición de Dios en fe no será peligrosa. Pero cualquier diversión que te descalifica por la oración secreta, por la devoción al altar de oración, o de tomar parte en el culto de oración, no es segura, sino peligrosa".—*Consejos para los Maestros*, p. 320.

Afinado la dedicación y la obediencia—"Nuestro Creador requiere nuestra devoción suprema, nuestra primera lealtad. Cualquier cosa que tiende a abatir nuestro amor por Dios, como interferir con su merecido servicio, llega a ser entonces un ídolo. Con algunos sus tierras, sus casas, su mercadería, son los ídolos. Emprendimientos de negocio son llevados a cabo con celo y energía, mientras el servicio de Dios llega a ser una consideración secundaria. El culto familiar es dejado de lado, la oración secreta olvidada. Muchos pretenden de tratar justamente con sus semejantes, y se parecen sentir que en hacer así descargan su deber completo. Pero no es suficiente guardar los últimos seis mandamientos del Decálogo. Tenemos que amar al Señor nuestro Dios con todo el corazón. Nada menos que la obediencia a todo precepto . . . puede satisfacer las demandas de la ley divina".—*Hijos e Hijas de Dios*, p. 57.

Para evitar las atracciones—"Los que se visten con toda la armadura de Dios y dedican algún tiempo cada día en meditación y oración y el estudio de las Escrituras serán conectados con el cielo y tendrán una influencia salvadora y transformante sobre aquellos en su alrededor. Grandes pensamientos, aspiraciones nobles, percepciones claras de la verdad y el deber hacia Dios, serán suyos. Van a anhelar la pureza, la luz, el amor, todas las gracias del nacimiento celestial. Sus oraciones sinceras entrarán en aquello por detrás del velo. Esta clase tendrá una osadía santificada para entrar en la presencia del Infinito. Sentirán que la luz y las glorias del cielo existen para ellos, y llegarán a ser refinados, elevados, ennoblecidos por este conocimiento íntimo con Dios. Tal es el privilegio de los cristianos verdaderos.

"La meditación abstracta no es suficiente; mucha acción no es suficiente; ambas son esenciales a la formación del carácter cristiano. La fuerza adquirida en oración sincera y secreta nos prepara para evitar las atracciones de la sociedad".—*5 Testimonios*, p. 105.

La oración secreta primero—"Tenemos que recibir luz y bendición, para que tengamos algo a impartir. Es el privilegio de cada obrero primero de hablar con Dios en el lugar secreto de la oración y entonces hablar con la gente como portavoz de Dios. Hombres y mujeres que comunican con Dios, que tienen Cristo por dentro, hacen la misma atmósfera santa, porque están cooperando con los santos ángeles. Tal testimonio es necesario para este tiempo. Necesitamos el poder de Dios de ablandar, de atraer con Cristo".—*6 Testimonios*, p. 59.

No implorarán en vano—"Los que buscan a Dios en secreto, contando al Señor sus necesidades y pidiendo ayuda, no implorarán en vano. 'Tu Padre que ve en lo secreto te recompensará en público'. Al hacer de Cristo nuestro Compañero diario sentiremos que los poderes de un mundo invisible nos rodean; y mirando hacia Jesús llegaremos a ser asimilados a su imagen. Por contemplar estamos cambiados. El carácter se ablanda, se refina, y se ennoblece para el reino celestial. El resultado seguro de nuestra asociación y compañerismo con nuestro Señor será de aumentar la piedad, la pureza, y el fervor. Habrá un aumento de inteligencia en la oración. Estamos recibiendo una educación divina, y esto se ilustra en una vida de diligencia y celo.

"El alma que se vuelve a Dios por ayuda, por apoyo, por poder, mediante oración diaria y sincera, tendrá aspiraciones nobles, percepciones claras de verdad y deber, propósitos elevados de acción, y hambre y sed continuas por la justicia. Mediante manteniendo una conexión con Dios, estaremos habilitados para difundir a otros, mediante nuestra asociación con ellos, la luz, la paz, la serenidad que domina en nuestros corazones. El poder adquirido en oración a Dios, unido con el esfuerzo perseverante en habilitar la mente en reflexión y cuidado, prepara uno por los deberes diarios y mantiene el espíritu en paz bajo todas las circunstancias.

"Si nos aproximamos a Dios, él pondrá una palabra en la boca para hablar por él, aún alabanza a su nombre. El nos enseñará una melodía del canto de los ángeles, aún acción de gracias nuestro Padre celestial. En cada acto de la vida, la luz y el amor de un Salvador que mora por dentro serán revelados. Problemas ajenos no pueden tocar la vida que se vive por la fe en el Hijo de Dios".—*Discurso Maestro de Jesús*, p. 74.

Preparación para la obra misionera—"Hay una gran necesidad de introspección y oración secreta. Dios ha prometido sabiduría a los que se la piden. Labor misionero es frecuentemente emprendido por los que están mal preparados para la obra. El celo por fuera es cultivado, mientras la oración secreta es dejada. Cuando esto es el caso, mucho daño se hace".—*3 Testimonios*, p. 130.

Para una vista clara—"El Señor habla; entréis en vuestro aposento, y en silencio comuniquéis con vuestro propio corazón; escuchad la voz de la verdad y de la conciencia. Nada dará tan claras vistas del yo como la oración secreta. El que ve en secreto y sabe todas las cosas iluminará vuestro entendimiento y responder a vuestras peticiones. Deberes simples y sencillos que no deben ser dejados se abrirán a vuestra vista. Haced un concuerdo con Dios a rendiros y todos vuestros poderes para su servicio".—*5 Testimonios*, p. 152.

Antes de hablar con los hombres—"Esfuerzo personal por los otros debe ser precedido por mucha oración secreta, porque requiere gran sabiduría para entender la ciencia de salvar almas. Antes de comunicar con los hombres, comunica con Dios. Al trono de la gracia celestial obtiene una preparación para servir a la gente.

"Que tu corazón quiebre por el anhelo que tiene por Dios, por el Dios viviente. La vida de Cristo ha mostrado lo que la humanidad puede hacer por ser partícipe de la naturaleza divina. Todo qué Cristo recibió de Dios nosotros también podemos tener. Entonces pide y recibe. Con la fe perseverante de Jacob, con la persistencia aferrada de Elías, reclama por ti mismo todo que Dios ha prometido.

"Deja que los conceptos gloriosos de Dios posean tu mente. Deja que tu vida sea tejida por los vínculos escondidos a la vida de Jesús. El que mandó que la luz brillara desde la obscuridad está dispuesto a brillar en tu corazón, a dar la luz del conocimiento de la gloria de Dios en el rostro de Jesucristo. El Espíritu Santo tomará las cosas de Dios y te las mostrará, llevándolas como un poder vivo en el corazón obediente. Cristo te guiará al umbral del Infinito. Puedes contemplar la gloria más allá del velo, y revelar a los hombres la suficiencia de él que siempre vive para hacer intercesión por nosotros".—*Palabras de Vida del Gran Maestro*, p. 115.

Confidencial con Dios—"'Cuando ores, entra en tu aposento'. Ten un lugar para la oración secreta. Jesús tenía lugares selectos para comunión con Dios, y así debemos tener nosotros. Precisamos a menudo retirar para algún lugar, cuan humilde que sea, donde podemos estar a solas con Dios.

"'Ora a tu Padre que está en secreto'. En el nombre de Jesús podemos llegar a la presencia de Dios con la confianza de un niño. No se necesita a nadie de tomar la parte de un mediador. A través de Jesús podemos abrir los corazones a Dios como a Uno que nos conoce y nos ama.

"En el lugar secreto de la oración, donde ningún ojo sino de Dios puede ver, ningún oído sino el suyo puede oír, podemos derramar nuestros deseos y anhelos más ocultos al Padre de la piedad infinita, y en la quietud y silencio del alma aquella voz que nunca falta a responder al llanto de la necesidad humana hablará a nuestros corazones.

"'El Señor es muy misericordioso y compasivo'. Santiago 5:11. El espera con amor incansable para escuchar las confesiones del desviado y aceptar su penitencia. El mira por algún retorno de gratitud de nuestra parte, como la madre mira por la sonrisa de reconocimiento de su niño muy querido. El quiere que comprendamos cuán sinceramente y tiernamente su corazón anhela sobre nosotros. Nos invita a llevar nuestras pruebas a su simpatía, nuestras tristezas a su amor, nuestras heridas a su saneamiento, nuestra debilidad a su fuerza, nuestro vacío a su plenitud. Jamás ha sido decepcionado alguno que le llegara. 'Los que miraron a él fueron alumbrados, y sus rostros no fueron avergonzados'. Salmo 34:5".—*Discurso Maestro de Jesús*, p. 73.

Cristo nos ve—"Mientras confían en la dirección de la autoridad humana, nadie vendrá a un conocimiento salvador de la verdad. Como Natanael, necesitamos estudiar la Palabra de Dios por nosotros mismos, y orar por la iluminación del Espíritu Santo. Aquel que vio Natanael por debajo de la higuera nos verá en el lugar secreto de la oración. Ángeles del mundo de luz están cerca de aquellos que en humildad buscan dirección divina".—*El Deseado de Todas las Gentes*, p. 114.

La oración secreta—en todo lugar—"Es una cosa maravillosa que podemos orar eficazmente, que mortales indignos y errantes poseen el poder de ofrecer sus pedidos a Dios. ¿Qué poder más elevado podría el hombre desear que esto—ser vinculado con el Dios infinito? El hombre débil y pecaminoso tiene el privilegio de hablar con su Hacedor. Podemos expresar palabras que alcanzan al trono del Monarca del universo. Podemos hablar con Jesús mientras andamos por el camino, y él dice, Estoy a tu mano derecha.

"Podemos comunicar con Dios en nuestros corazones; podemos andar en compañerismo con Cristo. Mientras ocupados en nuestro labor diario, podemos respirar los deseos de nuestro corazón, inaudibles a cualquier oído humano; pero aquella palabra no puede morir en silencio, ni puede quedar perdida. Nada puede ahogar el deseo del alma. Sube por cima del ruido de la calle, por cima del ruido de la maquinaria. Es a Dios a quien hablamos, y nuestra oración es escuchada. Pide, entonces; pide, y recibirás. Pide por humildad, por sabiduría, por coraje, por aumento de fe. A cada oración sincera la respuesta vendrá. Tal vez no venga como deseas, o en la hora que esperabas; pero vendrá en la manera y en la hora que mejor suplirá tu necesidad. Las oraciones que ofreces en soledad, en cansancio, en prueba, Dios contesta, y siempre según tus esperanzas, pero siempre para tu bien".—*Obreros Evangélicos*, p. 271.

Capítulo 29

Orando Eficazmente

Oremos siempre—"Sin oración sin cesar y vigilancia diligente estamos en peligro de llegar a ser descuidados y de desviar de la senda recta. El adversario procura continuamente a bloquear el camino al propiciatorio".—*El Camino a Cristo*, p. 95.

Que nada te impida—"No dejes que nada, no importa cuán querido, cuán amado, absorba tu mente y afecciones, desviándote del estudio de la Palabra de Dios o de oración sincera".—*8 Testimonios*, p. 60.

"La santidad no es rapto; es una entrega entera a la voluntad de Dios; es vivir por cada palabra que procede de la boca de Dios; es hacer la voluntad de nuestro Padre celestial".—*Hechos de los Apósteles*, p. 42.

Confianza más fuerte—"Más y más fuerte debe ser nuestra confianza que el Espíritu de Dios esté con nosotros, haciéndonos puros y santos, tan recto y fragante como el cedro de Líbano".—*Obreros Evangélicos*, p. 287.

"Aquella oración que proviene de un corazón sincero y creyente es la oración eficaz y ferviente que gana mucho. Dios no siempre contesta nuestras oraciones como esperamos, porque posiblemente no pedimos lo que sería para nuestro bien; pero en su amor y sabiduría infinitos él nos dará las cosas que más necesitamos".—*4 Testimonios*, p. 523.

Dejar los resultados con Dios—"Lo que Dios promete, él es capaz de cumplir a cualquier hora, y la obra que Dios da a su pueblo para hacer, él es capaz de concluir por medio de ellos".—*Consejos Sobre la Salud*, p. 375.

"Es mejor para nosotros que Dios no siempre conteste nuestras oraciones exactamente cuándo lo queremos, y en la manera exacta que deseamos".—*Consejos Sobre la Salud*, p. 375.

"Nuestras peticiones no deben tomar la forma de un mandato, pero de intercesión para que él haga las cosas que deseamos de él".—*Consejos Sobre la Salud*, p. 376.

Llena de amor divino—"En el día de Pentecostés el Infinito se reveló en poder a la Iglesia. . . .

"Los corazones de los discípulos fueron sobrecargados con una benevolencia tan llena, tan profunda, tan lejana, que les impulsaba a ir a los fines de la tierra testificando: No quiera Dios que nos gloriemos, sólo en la cruz de nuestro Señor Jesucristo".—*7 Testimonios*, p. 33.

"Mediante la oración sincera y perseverante obtuvieron el don del Espíritu Santo, y salieron, encomendados con la necesidad de salvar a las almas, llenos de celo para extender los triunfos de la Cruz".—*7 Testimonios*, p. 33.

"¿No será que el Espíritu de Dios viene hoy en respuesta a la oración sincera y perseverante, y llenar a los hombres con poder?"—*7 Testimonios*, p. 34.

"Lo que el Señor hizo por su pueblo en aquel tiempo, es justamente tan esencial, y aún más, que lo haga por su pueblo hoy".—*7 Testimonios*, p. 34.

Capítulo 30

La Oración Silenciosa en Todo Lugar

Aun la petición silenciosa—"El Señor aceptará aún la petición silenciosa del corazón cargado".—*2 Comentario Bíblico*, p. 1014 (YI 17.11.1898).

Apropiada en todo lugar—"No hay hora ni lugar en el cual no es apropiado ofrecer una petición a Dios. No hay nada que puede prevenirnos de elevar nuestros corazones en el espíritu de oración sincera. Entre el gentío de la calle, en el medio de una cita de negocios, podemos enviar una petición a Dios e implorar por dirección divina, como hizo Nehemías cuando hizo su pedido delante del rey Artajerjes. Un aposento de comunión se puede encontrar dondequiera que estemos. Debemos tener la puerta del corazón continuamente abierta y la invitación subiendo que Jesús pueda venir y habitar como hueste celestial en el alma".— *El Camino a Cristo*, p. 99.

Andando por el camino—"Que todos que están afligidos o usados injustamente clamen a Dios. Que rechacen a los cuyos corazones son como el acero, y hagan que sus pedidos sean conocidos por su Hacedor. Nunca se rechaza uno que le viene con un corazón contrito. Ni una oración sincera se pierde. Entre las canciones del coro celestial, Dios oye los llantos del ser humano más débil. Derramamos los deseos de nuestros corazones en nuestros aposentos, respiramos una oración mientras andamos por el camino, y nuestras palabras alcanzan al Monarca del universo. Pueden ser inaudibles a cualquier oído humano, pero no pueden desaparecer en silencio, tampoco quedar perdidas a través de las actividades de negocio que ocurren. Nada puede ahogar el deseo del alma. Suben por cima del ruido de la calle, por cima de la confusión de la multitud, a las cortes celestiales. Es a Dios a quien estamos hablando, y nuestra oración es oída".—*Palabras de Vida del Gran Maestro*, p. 137.

Cada respiración—"Cultiva el hábito de hablar con el Salvador cuando estás a solas, cuando estás andando, y cuando estás ocupado con su labor diario. Deja que el corazón sea continuamente elevada en petición silenciosa por ayuda, por luz, por fuerza, por conocimiento. Que cada respiración sea una oración".—*El Ministerio de la Curación*, p. 408.

La via al trono—"La via al trono de Dios está siempre abierta. No siempre puedes estar sobre las rodillas en oración, pero sus peticiones silenciosas pueden constantemente ascender a Dios por su poder y dirección. Cuando tentado, como será, puedes huir al lugar secreto del Altísimo. Sus brazos eternos estarán por debajo de ti"—*Consejos Sobre la Salud*, p. 359.

Combinar como un trabajo sincero—"Tenemos que vivir una vida doble—una vida de pensamiento y acción, de oración silenciosa y trabajo sincero. La fuerza recibida a través de la comunión con Dios, unida con esfuerzo sincero en preparar la mente para consideración y cuidado, prepara uno por los deberes diarios y mantiene el espíritu en paz bajo todas las circunstancias, mismo difíciles".—*El Ministerio de la Curación*, p. 410.

Mientras las manos están ocupadas—"Si se permite que el apuro del trabajo nos desvíe de nuestro propósito de buscar al Señor diariamente, cometeremos el error más terrible; vamos a sufrir pérdidas, porque el Señor no está con nosotros; hemos cerrado la puerta para que él no tenga acceso al alma. Pero sí oramos aun cuando nuestras manos están ocupadas, el oído del Salvador está abierto para escuchar nuestras peticiones. Si estamos resueltos de no quedar separados de la fuente de nuestra fuerza, Jesús también se resuelve a estar a nuestra mano derecha para ayudarnos, para que no nos avergoncemos delante de nuestros enemigos. La gracia de Cristo puede lograr por nosotros aquello que todos nuestros esfuerzos fracasarán en hacer. Los que aman y temen a Dios pueden ser rodeados con una multitud de pesares, y aún no errar o hacer sendas tuertas por los pies. Dios cuida de ti donde es tu deber estar".— *Consejos Sobre la Salud*, p. 421.

Capítulo 31

La Oración y la Meditación

Meditar sobre su amor—"Dios nos invita a llenar la mente con grandes pensamientos, pensamientos puros. El desea que meditemos sobre su amor y misericordia, a estudiar su obra maravillosa en el gran plan de la redención. Entonces clara y más clara será nuestra percepción de la verdad, más elevada, más santa, nuestro deseo de pureza de corazón y claridad de pensamiento. El alma que habita en la atmósfera pura de pensamiento santo será transformada por comunión con Dios a través del estudio de las Escrituras".—*Palabras de Vida del Gran Maestro*, p. 39.

Con el estudio bíblico—"No se debe nunca estudiar la Biblia sin oración. Sólo el Espíritu Santo puede causarnos a sentir la importancia de las cosas fáciles de entender, o prevenirnos de luchar con verdades difíciles de comprender. Es el oficio de los ángeles celestiales a . . . preparar el corazón para comprender la Palabra de Dios que seamos encantados con su belleza, amonestados por sus amonestaciones, o animados y fortalecidos por sus promesas".— *El Conflicto de los Siglos*, p. 584.

Reclamar y obedecer—"Un conocimiento verdadero de la Biblia sólo se puede tener con la ayuda de aquel Espíritu por quien la Palabra fue dada. Y para obtener este conocimiento tenemos que vivir por él. Todo lo que manda la palabra de Dios, tenemos que obedecer. Todo lo que promete, podemos reclamar".— *Educación*, p. 189.

Sencillez de propósito—"Una comprensión de la verdad bíblica depende no tanto en el poder del intelecto llevado a la búsqueda, como en la sencillez de propósito, el anhelo sincero para la justicia".—*El Conflicto de los Siglos*, p. 584.

Andar en la luz—"Anda continuamente en la luz de Dios. Medita día y noche sobre su carácter. Entonces verás su hermosura y regocijarás en su bondad. Tu corazón brillará con una sensación de su amor. Serás elevado como si fueras llevado por los brazos eternos. Con el poder y la luz que Dios imparte, puedes comprender más y cumplir más que antes habías pensado posible".—*El Ministerio de la Curación*, p. 412.

Meditar en la perfección del Salvador—"Cuando meditamos en la perfección del Salvador, desearemos ser completamente transformados, y renovados a la imagen de su pureza. Habrá una hambre y sed del alma a ser como él a quien adoramos. Cuanto más nuestros pensamientos están sobre Cristo, cuanto más hablaremos de él a otros y representarle al mundo".—*El Camino a Cristo*, p. 89.

Viviendo en el fin—"Estamos viviendo en el período más solemne de la historia del mundo. . . . Necesitamos humillarnos delante del Señor, con ayuno y oración, y a meditar mucho sobre su Palabra, especialmente sobre las escenas del juicio. Deberíamos ahora buscar una experiencia profunda y viva en las cosas de Dios. No tenemos ni un momento a perder. Eventos de importancia vital están tomando lugar alrededor de nosotros; estamos en la tierra encantada de Satanás".— *El Conflicto de los Siglos*, p. 586.

Capítulo 32

Los Ángeles y la Oración

Revoloteando cerca—"Mientras los que oraban seguían sus llantos sinceros, a veces un rayo de luz de Jesús les acercaba, para animar sus corazones e iluminar sus rostros. Algunos, yo vi, no participaban en esta obra de agonizar y alegar. Parecían indiferentes y descuidados. No estaban resistiendo la oscuridad en su rededor, y les envolvían en una nube gruesa. Los ángeles de Dios dejaba estos e iban a la ayuda de los oradores sinceros. Y vi ángeles de Dios que se apuraban para acudir a todos que luchaban con todo su poder para resistir los ángeles malignos y trataban de ayudarse a sí mismos o llamar a Dios con perseverancia. Pero sus ángeles dejaron a aquellos que no hacían ningún esfuerzo para ayudarse, y les perdí de vista".—*Primeros Escritos*, p. 270.

Enseñando como orar—"Miembros de iglesia, jóvenes y ancianos, deben ser preparados para salir a proclamar este último mensaje al mundo. Si salen en humildad, los ángeles de Dios les acompañarán, enseñándoles cómo levantar la voz en oración, como elevar la voz en canto, y como proclamar el mensaje evangélico para este tiempo".—*My Life Today*, p. 238.

Ministrando a los enfermos—"A menudo en el cuidado de los que sufren, mucha atención se da a asuntos menores, mientras la necesidad del paciente para las grandes verdades de salvación del evÁngelio, que irían a ministrar tanto al alma como al cuerpo, es olvidada. Cuando descuidan a ofrecer oración para los enfermos, les privan de grandes decisiones; porque ángeles de Dios esperan para administrar a estas almas en respuesta a tus peticiones".—*Ministerio Médico*, p. 255.

Escuchando tus oraciones—"Pudieran los hombres ver con visión celestial, contemplarían compañías de ángeles que exceden en poder estacionados alrededor de los que han guardado la palabra de la paciencia de Cristo. Con ternura simpatizante, ángeles han observado su angustia y han oído sus oraciones".— *El Conflicto de los Siglos*, p. 614.

Escribiendo y registrando—"Los ángeles registran y escriben la historia de las luchas y conflictos santos del pueblo de Dios; . . . [y] registran sus oraciones y lágrimas".—*Hechos de los Apósteles*, p. 448.

Presentando las oraciones a Dios—"Los que miran hacia Jesús día por día y hora por hora, que vigilan con oración, se aproximan muy cerca de Jesús. Ángeles con alas extendidas esperan para llevar sus oraciones contritas a Dios, y de registrarlas en los libros del cielo".—*4 Comentario Bíblico*, p. 1184 (Carta 90, 1895).

Nombrados para responder—"Seres celestiales son nombrados para responder a las oraciones de aquellos que están trabajando abnegadamente por los intereses de la causa de Dios. Los ángeles más elevados en las cortes celestiales son designados para elaborar las oraciones que ascienden a Dios para el desarrollo de la casa de Dios. Cada ángel tiene su puesto de deber particular, el cual no es permitido dejar por cualquier otro lugar".—*4 Comentario Bíblico*, p. 1173 (Carta 201, 1899).

Enviado para responder—"Ángeles ministradores están esperando alrededor del trono para obedecer instantáneamente el mandado de Jesucristo para contestar cada oración ofrecida en fe sincera y viviente".—*2 Mensajes Selectos*, p. 432.

Vienen a nuestro socorro—"Mediante el ejercicio de la fe y la oración, podemos llamar a nuestro lado una compañía de ángeles celestiales, quienes nos guardarán de cualquier influencia corrupta".—*Nuestra Elevada Vocación*, p. 25.

Traen muchas bendiciones—"Ángeles constantemente traen bendición y esperanza, coraje y ayuda, a los hijos del hombre".—*Hechos de los Apósteles*, p. 123.

"Poder y gracia han sido previstas por Cristo para ser traídos por los ángeles ministradores a cada alma que cree".—*El Camino a Cristo*, p. 53.

Influyendo tus acciones—"Cuando te levantas de mañana, ¿sientes tu debilidad y tu necesidad del poder de Dios? . . . Si es así, ángeles marcan tus oraciones, y si estas oraciones no salieron desde labios insinceros, cuando estás en peligro de inconscientemente hacer el mal y ejercer una influencia que va a provocar a otros a hacer el mal, tus ángeles de la guardia estarán a tu lado, incentivándote para un curso mejor, escogiendo tus palabras para ti e influyendo tus acciones".—*3 Testimonios*, p. 401.

¿Por qué oramos tan poco?—"¿Qué pueden los ángeles pensar de seres humanos pobres e impotentes, que son sujetos a la tentación, cuando el corazón de amor infinito de Dios anhela hacia ellos, pronto a darles más que lo que pueden pedir o pensar, y todavía ellos obran tan poco y tienen tan poca fe? A los ángeles les encanta inclinarse delante de Dios, les gusta estar cerca de él. Consideran la comunión con Dios como su gozo más elevado; en cambio los hijos de la tierra, que tanto necesitan la ayuda que sólo Dios puede suplir, se parecen satisfechos para andar sin la luz de su Espíritu, el compañerismo de su presencia".—*El Camino a Cristo*, p. 94.

Capítulo 33

¿Por Qué Orar si Dios ya Sabe?

Pedimos porque Dios dice, "Pedid, y recibiréis"—"Nuestras oraciones no son para informar a Dios de algo que no sabe. El Señor conoce los secretos de cada alma".—*Mensajes para los Jóvenes*, p. 174.

"Aún antes que la oración está dicha, . . . la gracia de Cristo sale al encuentro de la gracia que está obrando en el alma humana".—*Palabras de Vida del Gran Maestro*, p. 162.

"Es parte del plan de Dios para concedernos, en respuesta a la oración de fe, aquello que no iba a dar si no así pidiéramos".—*El Conflicto de los Siglos*, p. 515.

Bendiciones reservadas para los que piden—"Dios tiene un cielo lleno de bendiciones que quiere darles a los que buscan sinceramente por aquella ayuda que sólo el Señor puede dar".—*Hijos e Hijas de Dios*, p. 123.

"Cuando has pedido por cosas que son necesarias para el bien de tu alma, cree que las recibirás, y las tendrás".—*My Life Today*, p. 16.

Sigue pidiendo—"Dios no dice, Pide una vez y recibirás. El invita que pidamos. Persiste sin cansar en oración. Pedir persistentemente lleva al que pide hacia una actitud más sincera, y le da un deseo aumentado para recibir las cosas que pide".—*Palabras de Vida del Gran Maestro*, p. 111.

Vigila, para que no defraudes el alma—"Tienes que vigilar, a no ser que las actividades urgentes de la vida te lleven para descuidar la oración cuando tú más necesitas la fuerza que la oración te daría. . . . Es un gran mal defraudar el alma de la fuerza y sabiduría celestial que esperan tu demanda".—*5 Testimonios*, p. 529.

"Haz exactamente lo que él [Dios] te dice que tienes que hacer, y ten la seguridad de que Dios hará todo lo que ha dicho que iba a hacer".—*Nuestra Elevada Vocación*, p. 99.

La oración no cambia la mente de Dios; no influye sus acciones—"El sentido de nuestra necesidad nos lleva a orar sinceramente, y nuestro Padre celestial está movido por nuestras súplicas".—*Palabras de Vida del Gran Maestro*, p. 136.

"Es solamente cuando pedimos en oración sincera, que Dios nos concederá los deseos del corazón".—*Obreros Evangélicos*, p. 268.

La búsqueda de poder a través de la oración—"Las victorias más grandes ganadas por la causa de Dios no son resultado de argumento forzado; . . . son logradas en la sala de audiencias con Dios".—*Obreros Evangélicos*, p. 273.

Capítulo 34

Dios Escucha tus Oraciones

El escucha y responde—"Y Dios escucha la oración. Cristo ha dicho, 'Si algo pidiereis en mi nombre, yo lo haré'. Otra vez dice,' Si alguno me sirviere, mi Padre le honrará'. Juan 14:14; 12:26. Si vivimos según su Palabra, cada promesa preciosa que él ha dado será cumplida en nosotros. No merecemos su misericordia, pero al darnos a nosotros a él, él nos recibe. El trabajará para y por los que lo siguen".—*El Ministerio de la Curación*, p. 172.

El escucha, prueba, cuida—"El Dios infinito, dijo Jesús, hace que es su privilegio aproximarlo en el nombre del Padre. Entiende todo lo que esto implica. Ningún padre terrenal jamás imploraba tan sinceramente con un hijo errante como él, quien te hizo, implora con el transgresor. Ningún interés humano o amante jamás seguía al impenitente con tales invitaciones tiernas. Dios vive en cada habitación; él escucha cada palabra dicha, escucha cada oración ofrecida, prueba los dolores y decepciones de cada alma, toma nota del tratamiento dado al padre, madre, hermana, amigo, y vecino. El cuida por nuestras necesidades, y su amor y misericordia y gracia continuamente fluyen para satisfacer nuestra necesidad.

"Pero si llamáis a Dios vuestro Padre, dais conocimiento que eráis sus hijos, a ser dirigidos por su sabiduría y a ser obedientes en todas las cosas, sabiendo que su amor no cambia. Aceptarais su plan por vuestra vida".—*Discurso Maestro de Jesús*, p. 91.

Escuchar y responder—"Ciertamente el Señor escuchará y contestará las oraciones de sus obreros si lo buscan por consejo e instrucción".—*Evangelismo*, p. 292.

Cuidando de los necesitados—"Es el propósito del Señor que su método de sanar sin drogas se elevada a prominencia en cada ciudad grande por medio de nuestras instituciones médicas. Dios invierte con santa dignidad a los que salen lejos y más lejos, en cada lugar a la cual es posible obtener entrada. Satanás hará el trabajo cuán difícil posible, pero el poder divino atenderá a todos los obreros de corazón sincero. Guiados por la mano de nuestro Padre celestial, vamos a avanzar, aprovechando cada oportunidad para extender la obra de Dios.

"El Señor habla a todos los misioneros médicos, diciendo: Andad, trabajad hoy en mi viñedo para salvar almas. Dios escucha las oraciones de todos los que le buscan en verdad. El tiene el poder que todos necesitamos. Enciende el corazón con el labor, y el gozo, y la paz, y la santidad. El carácter constantemente es desarrollado. No podemos permitirnos a pasar el tiempo trabajando en conflicto con Dios".—*9 Testimonios*, p. 135.

Cuando orando por conversiones—"Cuando los que saben la verdad practican la abnegación requerida en la Palabra de Dios, el mensaje saldrá con poder. El Señor escuchará nuestras oraciones por la conversión de almas. El pueblo de Dios van a dejar su luz brillar, y los no creyentes, viendo sus buenas obras, van a glorificar a nuestro Padre celestial".—*Mensajes para los Jóvenes*, p. 223.

Nuestra parte y la suya—"Tu sentido de dependencia te impulsa a la oración, y tu sentido del deber te llama al esfuerzo. La oración y el esfuerzo, el esfuerzo y la oración, serán la ocupación de tu vida. Tienes que orar como toda la eficiencia y alabanza correspondieran a Dios, y trabajar como todo el deber fuera tuyo. Si deseas poder, puedes tenerlo; está a la espera de tu pedido. Solamente cree en Dios, tómale a la palabra, actuar por la fe, y las bendiciones vendrán.

"En este asunto, el genio, la lógica, y la elocuencia no harán uso. Los que tienen un corazón humilde, confidente, y contrito, Dios acepta, y escucha su oración; y cuando Dios ayuda, todos los obstáculos serán vencidos".—*4 Testimonios*, p. 531.

Capítulo 35

No Depender de los Sentimientos

Los sentidos no una prueba cierta—"Muchos hacen un error serio en su vida religiosa por mantener la atención fijada en sus sentimientos y así buscando su progreso o disminución. Los sentimientos no son un criterio seguro. No debemos mirarnos por dentro por evidencia de nuestra aceptación con Dios. Allí no vamos a encontrar nada a no ser lo que va a desanimarnos. Nuestra única esperanza está en poner los ojos en Jesús, el Autor y Consumador de la fe'".—*5 Testimonios*, p. 186.

Podemos ser engañados por nuestros sentimientos—"Los sentimientos muchas veces engañan, las emociones no son una guardia segura; porque son variables y sujetos a las circunstancias externas. Muchos son ilusos por depender de las impresiones sensacionales. La prueba es: ¿Qué estás haciendo por Cristo? ¿Qué sacrificios estás haciendo? ¿Qué victorias estás ganando? Un espíritu egoísta vencido, una tentación para descuidar del deber resistida, la pasión subyugada, y la obediencia dispuesta y alegre sometida a la voluntad de Cristo son mucho más grandes evidencias de que eres un hijo de Dios que piedad espasmódica y religión emocional".—*4 Testimonios*, p. 187.

El principio más importante que el sentimiento—"Vi que el cristiano no debe marcar un valor demasiado elevado, o depender demasiado, de una feliz manifestación de sentimiento. Estos sentimientos no son siempre un guía verdadero. Debiera ser el estudio de cada cristiano servir a Dios de acuerdo con el principio, y no ser dominado por el sentimiento. Por así hacer, la fe será introducida en el ejercicio, y va a aumentar. Me fue mostrado que si el cristiano vive una vida humilde y de abnegación, paz y gozo en el Señor serán el resultado. Pero el gozo más grande experimentado será en hacer bien a los otros, en hacer a otros gozosos. Tal gozo va a permanecer".—*1 Testimonios*, p. 151.

Los sentimientos pueden engañar—"Satanás dirige a la gente a pensar que porque sintieron un rapto de sentimiento están convertidos. Pero su experiencia no cambia. Sus acciones son las mismas que antes. Sus vidas no demuestran buenos frutos. Oran muy a menudo y largo, y constantemente se refieren a los sentimientos que tenían en tal y tal hora. Pero no viven una vida nueva. Están engañados. Su experiencia no va más allá del sentimiento. Edifican sobre la arena, y cuando vientos contrarios vienen su casa es barrida. . . .

"Ellos pasan por alto el hecho de que el creyente en Cristo tiene que ocuparse en su salvación con temor y temblor. El pecador convencido tiene algo que hacer. Tiene que arrepentir y mostrar fe verdadera. . .

"¿Cuál es la señal de un nuevo corazón?— Una vida cambiada. Hay una muerte del egoísmo y orgullo cada día y cada hora".—*Mensajes para los Jóvenes*, p. 50.

Capítulo 36

¿Cuándo y Cómo Contestará Dios la Oración?

Respuestas vendrán—"Dios nos ha enviado a trabajar en su viñedo. Nos toca a hacer todo lo que podemos. 'Por la mañana siembra tu semilla, y a la tarde no dejes reposar tu mano; porque no sabes cuál es lo mejor, si esto o aquello, o si lo uno y lo otro es igualmente bueno'. Tenemos muy poca fe. Limitamos al Santo de Israel. Debemos sentir gratitud que Dios condescienda para usar a cualquier uno de nosotros como sus instrumentos. Para cada oración sincera dada en fe por cualquier cosa, respuestas vendrán. Tal vez no vengan así como esperábamos, pero vendrán, quizás no según hemos ideado, pero en la hora justa cuando más las necesitábamos. Pero, ¡O, cuán pecaminoso es nuestra falta de fe! 'Si permanecéis en mí, y mis palabras permanecen en vosotros, pedid todo lo que queréis, y os será hecho'".—*3 Testimonios*, p. 232.

Tal vez no vengan rápido—"La demora de Cristo de dos días después de enterarse que Lázaro estaba enfermo no fue negligencia ni negación por su parte. . . . Esto debe animarnos a nosotros. . . . Debemos descansar en el Señor, y esperarle con paciencia. La respuesta a nuestras oraciones tal vez no venga tan rápido como deseamos, y tal vez no sea exactamente lo que pedimos; pero él que sabe lo que es el máximo bien para sus hijos darán un bien mejor que hemos pedido, si no llegáramos a ser desleales y desanimados".—*Hijos e Hijas de Dios*, p. 94.

Cuándo y cómo—"Yo vi que los siervos de Dios y la Iglesia fueron muy fácilmente desanimados. Cuando pidieron de su Padre en el cielo por cosas que pensaban que necesitaban, y éstas no vinieron inmediatamente, su fe vaciló, su coraje huyó, y un sentimiento de murmurar tomó posesión de ellos. Esto, yo vi, a Dios no le agradó.

"Cada santo que viene a Dios con un corazón verdadero, y le envía sus peticiones honestas, tendrá que sus oraciones son respondidas. Tu fe no debe soltar de las promesas de Dios, si no ves o sientes la respuesta inmediata a tus oraciones. No temas de confiar en Dios. Depende de tu promesa segura: 'Pedís, y recibirás'. Dios es demasiado sabio para errar, y demasiado bueno para retener toda cosa buena de sus santos que andan en rectitud. El hombre yerra, y aunque sus peticiones son enviadas de un corazón honesto, no siempre pide las cosas que son apropiadas para él, lo que iban a glorificar a Dios. Cuando esto es así, nuestro Padre, sabio y bueno, escucha nuestras oraciones, y responderá, a veces de inmediato, pero él nos dará las cosas que son para nuestro bien y para su propia gloria. Dios nos da bendiciones; si pudiéramos mirar su plan, veríamos claramente que él sabe lo que es mejor para nosotros y que nuestras oraciones son contestadas. Nada hiriente es dada, sino la bendición que necesitamos, en lugar de aquello que habíamos pedido que no hubiera sido bien para nosotros, más para dañar.

"Yo vi que si no sentimos respuestas inmediatas a nuestras oraciones, debemos mantener nuestra fe segura, no dejando que la desconfianza entre, porque eso va a separarnos de Dios. Si nuestra fe vacila, no vamos a recibir nada de él. Nuestra confianza en Dios debe ser fuerte; y cuando la más necesitamos, la bendición caerá sobre nosotros como de lluvia.

"Cuando los siervos de Dios oran por su Espíritu y bendición, a veces viene inmediatamente; pero no es siempre así dada. En tales momentos, no te desmayes. Permite que tu fe tome seguro la promesa que ella va a venir. Deja que tu confianza sea completamente en Dios, y a menudo esta bendición vendrá cuando la más necesitas, e inesperadamente vas a recibir ayuda de Dios cuando estás presentando la verdad a los no creyentes, y serás habilitado para impartir la palabra con claridad y poder.

"Me fue representado como niños pidiendo una bendición de sus padres terrenales que les aman. Pide por algo que los padres saben va a herirles; los padres les dan las cosas que serán buenas y saludables para ellos, en lugar de lo que habían deseado. Yo vi que cada oración que es enviada para arriba en fe desde un corazón honesto será escuchada por Dios y contestada, y él que envió la petición tendrá la bendición cuando la más necesita, y muchas veces va a sobrepasar sus expectaciones. Ni una oración de un santo verdadero se pierde cuando es enviada en fe de un corazón honesto".—*1 Testimonios*, p. 115-117.

Venir cuándo y cómo necesitado—"Pide, entonces; pide, y recibirás. Pide por la humildad, la sabiduría, el coraje, el aumento de fe. Para cada oración sincera vendrá una respuesta. Tal vez no venga justamente como deseas, o en la hora que la esperabas; pero vendrá en la manera y en la hora que mejor cumple tu necesidad. Las oraciones que ofreces en soledad, en cansancio, en prueba, Dios contesta, ni siempre según tus expectaciones, pero siempre para tu bien".—*Obreros Evangélicos*, p. 271.

En fe, sigue trabajando y orando—"Las lecciones que Dios envía, si bien aprendidas, siempre traen ayuda en tiempo oportuno. Pon tu confianza en Dios. Ora mucho, y cree. Confiando, esperando, creyendo, tomando la mano del Poder Infinito, seréis más que conquistadores.

"Obreros verdaderos andan y trabajan por la fe. A veces se cansan mientras observando el avance lento de la obra cuando la batalla llega a ser fuerte entre los poderes del bien y del mal. Pero si recusan a fracasar o estar desconfiados van a ver que las nubes se abren y las promesas de salvación se cumplen. A través de la neblina con la cual Satanás les ha rodeado, verán el brillo de los rayos brillantes del Sol de la Justicia.

"Trabaja en fe, y deja los resultados con Dios. Ora en fe y el misterio de su providencia traerá su respuesta. A veces parece que no puedes tener éxito. Mas trabaja y cree, añadiendo a tus esfuerzos fe, esperanza, y coraje. Después de hacer lo que puedes, espera por el Señor, declarando su fidelidad, y él cumplirá su palabra. Espera, no en ansiedad molestia, pero en fe vencedora y confianza inquebrantable".—*7 Testimonios*, p. 232. [Léase todo el capítulo.]

De la manera mejor a la hora mejor—"Otro elemento de la oración prevaleciente es la fe. 'Pero sin fe es imposible agradar a Dios; porque es necesario que él que se acerca a Dios crea que le hay, y que es galardonador de los que le buscan'. Hebreos 11:6. Jesús dijo a sus discípulos, 'Por tanto, os digo que todo lo que pidiereis orando, creed que lo recibiréis, y os vendrá'. Marcos 11:24. ¿Contamos su palabra segura?

"La garantía es ancha y sin límites, y él es fiel, quien prometió. Cuando no recibimos las mismas cosas que le pedimos, en la hora que pedimos, todavía debemos creer que el Señor escucha y que contesta nuestras oraciones. Somos tan errantes y miopes que a veces pedimos por cosas que no nos serían una bendición, y nuestro Padre celestial en amor contesta nuestras oraciones por darnos lo que será para nuestro mejor—lo que nosotros mismos desearíamos si con visión divinamente iluminada pudiéramos ver todas las cosas como realmente son. Cuando parece que nuestras oraciones no son contestadas, debemos aferrarnos a la promesa; porque la hora de respuesta seguramente vendrá, y vamos a recibir la bendición que más necesitamos. Pero reclamar que la oración siempre estará contestada en la manera exacta y por la cosa particular que deseamos, es la presunción. Dios es demasiado sabio para errar, y demasiado bueno para retener cualquier cosa buena de los que andan rectamente. Entonces no temas de confiar en él, aunque no ves la respuesta inmediata a tus oraciones. Confía en la promesa segura, 'Pedís, y os será dada'".—*El Camino a Cristo*, p. 96.

No siempre según las expectaciones—"Mientras oraste en tu aflicción por la paz en Cristo, una nube negra parecía obscurecer tu mente. El reposo y la paz no vinieron como esperabas. A veces tu fe parecía probada a lo último. Al revisar tu vida en el pasado, viste llanto y decepción; al mirar al futuro, todo fue incertidumbre. La Mano divina te guió maravillosamente para llevarte a la Cruz y enseñarte que Dios de veras era un remunerador para los que le buscan diligentemente. Los que piden apropiadamente van a recibir. El que busca en fe encontrará. La experiencia que uno gana en el horno de prueba y aflicción vale el costo más que toda la conveniencia y experiencia dura".—*3 Testimonios*, p. 456.

Perdón por el pecado—inmediatamente—"En algunas veces de saneamiento, Jesús no dio de repente la bendición buscada. Pero en el caso de la lepra, ni un momento después que la apelación fue dado, la respuesta fue concedida. Cuando oramos por bendiciones terrenales, la respuesta a nuestra oración puede demorar, o Dios puede darnos algo diferente que habíamos pedido; pero no es así cuando pedimos por libertad del pecado. Es su voluntad limpiarnos del pecado, hacernos sus hijos, y habilitarnos a vivir una vida santa".—*El Ministerio de la Curación*, p. 46.

Las demoras prueban la fe y la sinceridad—"Hay preciosas promesas en las Escrituras para los que esperan en El Señor. Todos deseamos una respuesta inmediata a nuestras oraciones y somos tentados a desanimarnos si nuestra oración no es contestada en seguida. . . . La demora es para nuestro beneficio especial. Tenemos una oportunidad para ver si nuestra fe es verdadera y sincera o cambiable como las ondas del mar. Debemos atarnos sobre el altar con las cuerdas fuertes de fe y amor, y dejar que la paciencia tenga su obra perfecta".—*Consejos Sobre la Salud*, p. 377.

Las demoras dan oportunidad para examinar el corazón—"Dios no siempre contesta nuestras oraciones la primera vez que le llamamos; porque si fuera a hacerlo, daríamos por hecho que tendríamos un derecho a todos las bendiciones y favores que él nos fornece. En vez de escudriñar nuestros corazones para ver si estamos entreteniendo cualquier mal, o consintiendo a cualquier pecado, debemos llegar a ser descuidados, y faltar a reconocer nuestra dependencia de él, y nuestra necesidad de su ayuda".—*2 Comentario Bíblico*, p. 1035 (RH 27.03.1913).

Dios no se olvida—"Durante su vida de casado, Zacarías había orado por un hijo. El y su esposa ahora tenían muchos años, y todavía su oración quedaba sin respuesta; pero él no murmuró. Dios no se había olvidado. El tenía su hora designada para responder a la oración, y cuando el caso parecía desesperado, Zacarías recibió su respuesta. . . . Dios no había olvidado la oración de tus siervos. La había escrito en su registro, para ser contestada en su buen tiempo".—*5 Comentario Bíblico*, p. 1114 (MS 27, 1898).

Capítulo 37

¿Vendrán las Respuestas?

El puede y lo hará—"Hay poder para ser obtenido de Dios. El puede ayudar. El puede dar gracias y sabiduría celestial. Si pides en fe, vas a recibir; pero tienes que velar en oración. Vigilar, orar, trabajar, debe ser su lema".—*2 Testimonios*, p. 379.

Respuestas a petición y acción de gracias—"No vamos a perder tiempo en deplorar la escasez de nuestros recursos visibles, pero hagamos buen uso de las cosas que tenemos. Aunque la apariencia por fuera sea poco prometedora, energía y confianza en Dios van a desarrollar recursos. Vamos a enviar nuestros ofrendas con acción de gracias y con la oración que Dios bendiga las dádivas y las multiplique como hizo con la comida dada a los cinco mil. Si usamos las mejores facilidades que tenemos, el poder de Dios va a habilitar para alcanzar las multitudes que tienen hambre por el pan de la vida.

"La fe es la mano espiritual que toca a la infinitud.

"Obreros por Cristo no deben nunca pensar, mucho menos hablar, de fracaso en su trabajo. El Señor Jesús es nuestra eficiencia en todas las cosas. Su Espíritu tiene que ser nuestra inspiración, y al colocarnos en sus manos, para ser canales de luz, nuestros medios de hacer bien nunca estarán exhaustos. Podemos aprovechar de su plenitud y recibir la gracia que no tiene límites".—*6 Testimonios*, p. 465.

Si las respuestas no son inmediatas—"Después de hacer oración, si no se realiza la respuesta inmediatamente, no seas cansado de esperar ni llegues a ser inestable. No vaciles. Adhiérete a la promesa, 'Fiel es él que os llama, él cual también lo hará'. Como la viuda importuna, urge tu caso, estando firme en tu propósito. ¿Es el objeto importante y de gran consecuencia para ti? De cierto, sí. Entonces no vaciles, porque tú fe puede ser probada. Si la cosa que deseas tiene valor, es digna de un esfuerzo fuerte y sincero. Tienes la promesa: vigila y ora. Sé constante y la oración será contestada; porque ¿no es Dios que ha prometido? Si te cuesta algo obtenerlo, vas a apreciarlo cuanto más cuando obtenido. Se te cuenta plenamente que si vaciles no tienes que pensar que recibirás nada del Señor. Una precaución es aquí dada que no llegues a ser cansado, sino que descanses realmente sobre la promesa. Si pides, él te dará libremente y no reprenderá".—*2 Testimonios*, p. 119.

Demasiado sabio—"Todos deseamos respuestas inmediatas y directas a nuestras oraciones, y somos tentados a quedar desanimados cuando la respuesta se demora o viene en una forma no esperada. Pero Dios es demasiado sabio y bueno para responder a nuestras oraciones, siempre justo en la hora y manera que deseamos. El hará más y mejor para nosotros que concluir todos nuestros deseos. Y porque podemos confiar en su sabiduría y amor, no debemos pedirle a conceder a nuestra voluntad, pero debemos procurar a entrar y cumplir su propósito. Nuestros deseos e intereses deben perderse en su voluntad. Estas experiencias que prueban la fe son para nuestro beneficio. Por ellas se manifiesta si nuestra fe es verdadera y sincera, apoyándose sólo en la palabra de Dios, o si dependiendo de las circunstancias, es incierto y cambiable. La fe se fortalece por el ejercicio. Debemos dejar que la paciencia tenga su obra perfecta, recordando que hay preciosas promesas en las Escrituras para aquellos que esperan en el Señor".—*El Ministerio de la Curación*, p. 176.

Ayudándole a ayudarnos a nosotros—"En la Palabra de Dios son representados dos partidos opuestos que influyen y controlan las agencias humanas en nuestro mundo. Constantemente estos partidos trabajan con cada ser humano. Los que están bajo el control de Dios y que son influenciados por los ángeles celestiales, podrán discernir las obras astutas de los poderes invisibles de la oscuridad. Los que desean estar en armonía con las agencias celestiales deben ser intensamente sinceras para hacer la voluntad de Dios. No deben dar ningún lugar a Satanás y sus ángeles.

"Pero a menos que estamos constantemente alertas, seremos conquistados por el enemigo. Aunque una revelación solemne de la voluntad de Dios con respecto a nosotros ha sido descubierta a todos, sin embargo un conocimiento de su voluntad no deja de lado la necesidad de ofrecerle súplicas sinceras por ayuda, y de buscar diligentemente a cooperar con él en responder a las oraciones ofrecidas. El cumple sus propósitos a través de instrumentos humanos".—6 *Comentario Bíblico*, p. 1119.

Abrir todo—"Cada petición sincera por gracia y fuerza será contestada. . . . Pedid a Dios que haga por vosotros las cosas que no podéis hacer por vosotros mismos. Contad todo a Jesús. Abrid delante de él los secretos de vuestro corazón; porque su ojo busca los lugares más íntimos del alma, y lee nuestros pensamientos como un libro abierto. Cuando habéis pedido las cosas que son necesarias para el bien de vuestra alma, creed que las recebéis, y las tendréis. Aceptad sus dones con todo corazón; porque Jesús murió para que podéis tener las cosas preciosas del cielo como posesión propia, y al final hallar un hogar con los ángeles celestiales en el reino de Dios".—*My Life Today*, p. 16.

Las condiciones para el éxito en la oración—[Léase *El Camino a Cristo*, capítulo 11.]

El sabe lo que es mejor—y lo dará—"El que bendijo al noble de Capernaum es tan deseoso de bendecirnos a nosotros. Pero como el padre afligido, a menudo estamos guiados a buscar a Jesús por el deseo de algún bien terrenal; y cuando el pedido está concluido reposamos nuestra confianza en su amor. El Salvador anhela darnos una bendición más grande que pedimos; y él demora la respuesta a nuestro pedido para que pueda mostrarnos el mal de nuestros corazones, y nuestra necesidad profunda de su gracia. El desea que renunciemos el egoísmo que nos dirige a buscarlo. Confesando nuestra debilidad y necesidad amarga, debiéramos confiarnos totalmente en su amor.

"El noble quería ver el cumplimiento de su oración antes de que iba a creer; pero tenía que aceptar la palabra de Jesús que su pedido fue escuchado y la bendición dada. Esta lección tenemos que aprender nosotros. No debemos creer porque vemos o sentimos que Dios nos escucha. Debemos confiar en sus promesas. Cuando le llegamos en fe, cada petición entra el corazón de Dios. Cuando hemos pedido su bendición, debemos creer que la recibimos, y darle gracias que recibimos. Entonces debemos ir para hacer nuestros deberes, asegurados de que la bendición será realizada cuando la más necesitamos. Cuando hemos aprendido a hacer esto, sabremos que nuestras oraciones son contestadas. Dios hará por nosotros 'mucho más abundantemente,' 'conforme a las riquezas de su gloria,' y 'según la operación del poder de su fuerza'". Efesios 3:20, 16; 1:19.—*El Deseado de Todas las Gentes*, p. 170.

La victoria a través de Cristo—"Cuando buscamos ganar el cielo a través de los méritos de Cristo, el alma hace progreso. Cuando miramos hacia Jesús, el Autor y Consumador de nuestra fe, podemos ir de fuerza en fuerza, de victoria en victoria; porque a través de Cristo la gracia de Dios ha obrado nuestra completa salvación—*1 Mensajes Selectos*, p. 426.

En dirección para acción—"Jesús no nos llama a seguir y entonces nos abandona. Si rendimos nuestras vidas a su servicio, nunca podemos ser colocados en una posición por la cual Dios no ha hecho provisión. Cualquiera nuestra situación, tenemos un Guía para dirigir nuestro camino. . . .

"'Todo lo que pidiereis en oración, creyendo, lo recibiréis'"—*Obreros Evangélicos*, p. 277.

Aquietando la ansiedad—"Convoca todos tus poderes para mirar hacia arriba, no hacia abajo a tus dificultades; entonces nunca vas a desmayar en el camino. Luego verás a Jesús detrás de la nube, extendiendo su mano para ayudarte; y lo único que tienes que hacer es darle la mano en sencilla fe y permitirle guiarte".—*5 Testimonios*, p. 545.

Garantía de pecado perdonado—"Es la gloria de Dios de rodear seres humanos pecaminosos y arrepentidos en los brazos de su amor, para vendar a sus heridos, limpiarles del pecado, y vestirles en ropas de la salvación".—*Profetas y Reyes*, p. 493.

Un sentido de compañerismo divino—"Jesús, la Majestad del cielo, propone elevar a compañerismo consigo mismo a los que vienen a él con sus pesares, sus debilidades, y sus cuidados. . . .

"Es nuestro privilegio diario hacer un paseo calmo, cercano, y feliz con Jesús".—*Nuestra Elevada Vocación*, p. 99.

A través de providencias divinas—"Ora en fe, y el misterio de su providencia traerá la respuesta".—*7 Testimonios*, p. 232.

Cristo presenta nuestras oraciones como sus propios pedidos—"Cuando el hijo de Dios se aproxima al propiciatorio, inmediatamente él llega a ser cliente del gran Abogado. Con su primera declaración de penitencia y apelación por perdón, Cristo toma su caso y lo hace de si mismo, presentando la súplica delante del Padre como si fuera su propio pedido".—*6 Testimonios*, p. 364.

Capítulo 38

La Obediencia y la Fe Una Condición de la Oración

Tenemos que sentir nuestra necesidad—"Hay ciertas condiciones bajo las cuales podemos esperar que Dios va a escuchar y contestar nuestras oraciones. Una de las primeras es que sentimos nuestra necesidad de ayuda de su parte".—*El Camino a Cristo. 95.*

Consagración con todo el corazón requerida—"Todos los que consagran alma, cuerpo y espíritu a Dios recibirán constantemente una nueva provisión de poder físico y mental. Los suministros inexhaustos del cielo están a su mandato. . . . A través de cooperación con Cristo están completos en él, y en su debilidad humana son habilitados para hacer las obras de Omnipotencia".—*El Deseado de Todas las Gentes*, p. 767.

La obediencia necesaria—"La oración no puede tomar el lugar del deber. . . . Los que traen sus pedidos a Dios, reclamando su promesa mientras que no cumplen las condiciones, insultan a Jehová. Ellos presentan el nombre de Cristo como su autoridad por el cumplimiento de la promesa, pero no hacen las cosas que mostrarían fe en Cristo y amor por él".—*Palabras de Vida del Gran Maestro*, p. 109.

"Como el Dador de toda bendición, Dios reclama cierta porción de todo lo que poseemos. . . . Pero si retenemos de él lo que le pertenece, ¿cómo podemos reclamar su bendición? Si somos mayordomos infieles de las cosas terrenales, ¿cómo podemos esperar que él confíe en nosotros con las cosas del cielo? Puede ser que aquí está el secreto de oración no escuchada".—*Palabras de Vida del Gran Maestro*, p. 110.

"Si le rendimos solamente una obediencia parcial e indiferente, sus promesas no serán cumplidas para nosotros".—*El Ministerio de la Curación*, p. 173.

La fe otra condición—"Otro elemento de la oración que prevalece es la fe. . . . ¿Tomamos Cristo en su palabra?"—*El Camino a Cristo*, p. 96.

"Nos falta fe demasiado. Oh ¡cómo deseo que yo pudiera guiar a nuestro pueblo para tener fe en Dios! No necesitan sentir que para ejercer fe tienen que estar envueltos en un estado elevado de excitación. Solamente tienen que creer en la Palabra de Dios, como creen en las palabras de otro. El lo ha dicho, y cumplirá su palabra. Confía calmamente en su promesa, porque él quiere decir lo que ha dicho. Di así: Me ha hablado en su Palabra, y cumplirá cada promesa que ha hecho. . . . Actúa como si en tu Padre celestial puedes confiar".—*1 Mensajes Selectos*, p. 96.

Capítulo 39

Confesando y Perdonando

Recibir la misericordia de Dios depende de nosotros—"Cuando venimos para pedir misericordia y bendición de Dios debemos tener un espíritu de amor y perdón en nuestros propios corazones. ¿Cómo podemos orar, 'Perdónanos nuestras deudas, como también nosotros perdonamos a nuestros deudores,' y complacer un espíritu de no perdonar? Mateo 6:12. Si esperamos que nuestras oraciones sean escuchadas, tenemos que perdonar a los otros en la misma manera y en la misma medida que esperamos a ser perdidos".—*El Camino a Cristo*, p. 97.

Cómo hacer si has ofendido a alguien—"Si has dado ofensa a tu amigo o vecino, tienes que admitir tu error, y es su deber de perdonarte libremente. Entonces puedes buscar perdón de la parte de Dios, porque el hermano que has herido es propiedad de Dios, y al herirle pecaste contra su Creador y Redentor".—*El Camino a Cristo*, p. 37.

"Si sin darnos cuenta hemos dado falso testimonio, si hemos torcido sus palabras, si hemos herido su influencia de cualquier manera, debemos ir a los con quien hemos conversado a su respecto, y tomar de vuelta todas las inexactitudes perjudiciales".—*El Discurso Maestro de Jesucristo*, p. 53.

"Honestidad de intención no puede servir como excusa por no confesar errores".—*Primeros Escritos*, p. 102.

La verdadera confesión es específica—"La verdadera confesión es siempre de un carácter específico, y reconoce pecados particulares. Puede ser que son de tal naturaleza como a ser traídos sólo delante de Dios; puede ser males que deben ser confesados a individuos que sufrieron por su causa; o puede ser de un carácter público, y entonces públicamente confesados. Pero toda confesión debe ser definitiva y al punto, reconociendo los mismos pecados de los cuales eres culpable".—*El Camino a Cristo*, p. 38.

Confesar antes de que los pecados son descubiertos—"Hay una diferencia vasta entre reconocer los hechos después que son probados, y confesar pecados conocidos solamente por nosotros y por Dios".—*Patriarcas y Profetas*, p. 532.

"Hay entre nosotros algunos que hacen confesiones, como Acán, demasiado tarde para salvarse a si mismos".—*3 Testimonios*, p. 302.

Capítulo 40

La Oración y la Curación

Cristo es todavía el Gran Médico—"Nuestro Señor Jesucristo vino a este mundo como el siervo incansable de la necesidad humana. El 'tomó nuestras enfermedades, y llevó nuestras dolencias', para que pudiera ministrar a cada necesidad humana".—*El Ministerio de la Curación*, p. 11.

"El es nuestro refugio en enfermedad bien como en salud. 'Como el padre se compadece de los hijos, se compadece Jehová de los que le temen. . . . Envió su palabra, y los sanó, y los libró de su ruina'.

"Dios está tan dispuesto a restaurar a los enfermos ahora como cuando el Espíritu Santo habló estas palabras a través del salmista. Y Cristo es el mismo Médico compasivo ahora que era durante su ministerio terrenal. En él hay bálsamo sanador para cada dolencia, poder restaurativo para cada enfermedad".—*El Ministerio de la Curación*, p. 171.

La fuente de la curación—"El deseo de Dios para cada ser humano se expresa en las palabras, 'Amado, yo deseo que tú seas prosperado en todas las cosas, y que tengas salud, así como prospera tu alma'. 3 Juan 2. Es él quien 'perdona todas tus iniquidades, él que sana todas tus dolencias; él que rescata del hoyo tu vida, él que te corona de favores y misericordias'. Salmo 103:3, 4".—*El Ministerio de la Curación*, p. 76.

Cooperación con Dios necesaria—"El médico debe enseñar a sus pacientes que tienen que cooperar con Dios en la obra de restauración. . . . El sabe que las leyes de la naturaleza, tan verdaderamente que los preceptos del Decálogo, son divinas, y que solamente en obediencia de ellas que la salud sea recuperada o preservada. El ve que muchos sufren como resultado de prácticas dañinas, quienes podrían ser restaurados si hicieran lo que pudieran por su propia restauración. Tienen que ser enseñados que cada práctica que destruye las energías físicas, mentales, o espirituales es pecado, y que la salud tiene que ser asegurada por obediencia a las leyes que Dios ha establecido para el bien de toda la humanidad".—*El Ministerio de la Curación*, p. 76.

El uso de agencias remediadoras—"Los que buscan la curación por medio de la oración no deben dejar de usar las agencias remediadoras que están a su alcance. No es una negación de fe usar tales remedios como Dios ha previsto para aliviar el dolor y ayudar la naturaleza en su obra de restauración. No es una negación de fe cooperar con Dios, y colocarse en la condición más favorable para recuperar. Dios ha colocado en nuestro poder obtener un conocimiento de las leyes de la vida. Este conocimiento ha sido colocado a nuestro alcance para usar. Debemos usar cada facultad para la restauración de la salud, tomando cada ventaja posible, trabajando en harmonía con las leyes naturales".—*El Ministerio de la Curación*, p. 177.

El propósito de Dios en las aflicciones—"Muchas de tus aflicciones te han sido visitadas, en la sabiduría de Dios, para llevarte más cerca del trono de Dios".—*4 Testimonios*, p. 144.

Cuando se ora por los enfermos—"Dios sabe del comienzo al fin. El conoce los corazones de todos los hombres. El lee el secreto del alma. El sabe si los para quienes se ofrece oración podrían o no podrían soportar las pruebas que les vinieran si vivieran. El sabe si sus vidas serían una bendición o maldición a si mismos y al mundo. Esta es una razón por la cual, al presentar nuestras peticiones con sinceridad, debemos decir, 'Pero no se haga mi voluntad, sino la tuya'. Lucas 22:42. Jesús añadió estas palabras de entrega a la sabiduría y voluntad de Dios cuando en el jardín de Getsemaní imploró, 'Padre mío, si es posible, pase de mí esta copa'. Mateo 26:39. Y si fueron apropiadas para él, el Hijo de Dios, ¡cuánto más son propias sobre los labios de los mortales, finitos y errantes!

"El curso consistente es de cometer nuestros deseos a nuestro Padre celestial todo sabio, y entonces, en confianza perfecta, confiarle todo a él. Sabemos que Dios nos escucha si pedimos según su voluntad. Pero insistir nuestras peticiones sin un espíritu sometido no está correcto; nuestras oraciones deben tomar la forma, no de mandato, sino de intercesión.

"Hay casos en que Dios obra decisivamente mediante su poder divino en la restauración de la salud. Pero no todos los afligidos son sanados. Muchos son sepultados para dormir en Jesús. A Juan en la Isla de Patmos le fue pedido escribir: 'Bienaventurados de aquí en adelante los muertos que mueren en el Señor. Sí, dice el Espíritu, descansarán de sus trabajos, porque sus obras con ellos siguen'. Apocalipsis 14:13. De esto vemos que si personas no son levantadas a la salud, no deben por esta causa ser juzgadas como faltando en fe".—*El Ministerio de la Curación*, p. 176.

Una lección importante—"No todos entienden estos principios. Muchos que buscan la misericordia sanadora del Señor piensan que tienen que tener una respuesta directa e inmediata a sus oraciones o su fe es deficiente. Por esta razón, los que están debilitados por enfermedad tienen que ser sabiamente aconsejados, para que actúen con discreción. No deben dejar de lado su deber a los amigos que pueden sobrevivir, o dejar de usar las agencias de la naturaleza para la restauración de la salud.

"A menudo hay peligro de error aquí. Creyendo que van a ser sanados en respuesta a la oración, algunos temen de hacer cualquier cosa que podría indicar una falta de fe. Pero no deben descuidar de poner sus asuntos en orden como desearían hacer si esperara ser removidos por la muerte. Ni deben tener de pronunciar palabras de ánimo o consejo que en la hora de partir quisiera hablar a sus seres amados".—*El Ministerio de la Curación*, p. 176.

La oración y los remedios sencillos—"Los que buscan curación mediante la oración no deben descuidar de hacer uso de las agencias de remedio dentro de su alcance. No es una negación de fe usar tales remedios que Dios ha proferido para aliviar pena y ayudar la naturaleza en su obra de restauración. No es una negación de fe cooperar con Dios, y colocarse en la condición más favorable para recuperar. Dios ha colocado en nuestro poder obtener un conocimiento de las leyes de la vida. Este conocimiento ha sido colocado dentro de nuestro alcance. Debemos usar cada facilidad para la restauración de la salud, aprovechando de toda ventaja posible, obrando en armonía de las leyes naturales. Cuando hemos orado por la recuperación de los enfermos, podemos trabajar con aún más energía, agradeciendo a Dios que tenemos el privilegio de cooperar con él, y pidiendo su bendición sobre los medios que el mismo ha provisto".—*El Ministerio de la Curación*, p. 177.

La oración por la curación un acto solemne—"En la Palabra de Dios tenemos instrucción relativa a la oración especial por la recuperación de los enfermos. Pero ofrecer tal oración es un acto muy solemne, y no debe ser hecho sin consideración cuidadosa. En muchos casos de la oración por la curación del enfermo, lo que se llama fe es nada más que la presunción".—*El Ministerio de la Curación*, p. 173.

Tener cuidado del fanatismo y obreros falsos de milagros—"'¿Por qué', pregunta uno y otro, 'no se ofrece oración por la curación milagrosa del enfermo, en vez de establecer tantos sanatorios?' Si esto fuera hecho, gran fanatismo levantaría en nuestras filas".—*Evangelismo*, p. 432.

"'No todo él que me dice: Señor, Señor, entrará en el reino de los cielos, sino él que hace la voluntad de mi Padre que está en los cielos. Muchos me dirán en aquel día: Señor, Señor, ¿no profetizamos en tu nombre, y en tu nombre echamos fuera demonios, y en tu nombre hicimos muchos milagros? Y entonces les declararé: Nunca os conocí; apartaos de mí, hacedores de maldad'. Mateo 7:21-23. Estos pueden profesar de ser seguidores de Cristo, pero han perdido de vista a su Líder. Ellos dicen, 'Señor, Señor'; indican a los enfermos que son curados por ellos, y a otras obras maravillosas, y reclaman que tienen más del Espíritu y poder de Dios que se manifiesta por los que guardan su ley. Pero sus obras son hechas bajo la supervisión del enemigo de la justicia, cuyo blanco es engañar a las almas, y son apuntados a desviarles de la obediencia, la verdad, y el deber. En un futuro próximo habrá aún más manifestaciones marcadas de este poder milagroso".—*7 Comentario Bíblico*, p. 975, 976 (ST 26.02.1885).

No exigir la curación, sino ser sometidos a la voluntad de Dios—"Nos hemos unido en oración sincera alrededor del lecho de enfermo de hombres, mujeres, y niños, y hemos sentido que se les dio de nuevo a nosotros de entre los muertos en respuesta a las oraciones sinceras. En estas oraciones pensábamos que teníamos que ser positivos, y si ejerciéramos fe, que deberíamos pedir nada menos que la vida. No nos atreveríamos a decir, 'si glorificaría a Dios', temiendo que sería una apariencia de duda. Hemos ansiosamente vigilado a los que nos fueron devueltos como si fuera, de los muertos. Hemos visto a algunos de ellos, especialmente jóvenes, levantados a la salud, y ellos han olvidado a Dios, han llegado a ser disolutos en la vida, provocando tristeza y angustia a padres y amigos, y han llegado a ser una vergüenza a los que temían de orar. No vivían para honrar y glorificar a Dios, sino para maldecirle con sus vidas de vicio.

"Ya no marcamos un camino, ni buscamos a traer al Señor a nuestros deseos. Si la vida del enfermo puede glorificar a Dios, oramos que viva; sin embargo, no según nuestra voluntad pero como él desea".—*Consejos Sobre la Salud*, p. 376.

Capítulo 41

La Oración en la Hora de Problemas

"Como sus días, así será tu fuerza"—"Debemos seguir a Cristo día por día. Dios no concede su ayuda para mañana. El no da a sus hijos todas las direcciones de una vez por la jornada de su vida, para no confundirles. Les cuenta solamente lo que pueden recordar y cumplir. La fuerza y la sabiduría impartidas son para la emergencia actual".—*El Deseado de Todas las Gentes*, p. 280.

Consuelo divino—"Por cima de las distracciones de la tierra él se sienta entronizado; todas las cosas están abiertos a su inspección divina; y desde su eternidad grande y calma él regula todo según su providencia mejor ve".—*El Ministerio de la Curación*, p. 325

"El mide toda prueba"—"Dios en su gran amor busca desarrollar en nosotros las gracias preciosas de su Espíritu. El nos permite encontrar obstáculos, persecución, y dificultades, no como una maldición, sino como la más grande bendición de nuestras vidas".—*El Discurso Maestro de Jesucristo*, p. 99.

"El mide cada prueba, él observa el fuego del horno que tiene que probar cada alma".—*El Discurso Maestro de Jesucristo*, p. 102.

"Todas las cosas les ayudan a bien"—"La presencia del Padre rodeaba a Cristo, y nada le acontecía que lo que el amor infinito permitía para la bendición del mundo. Aquí había su fuente de consuelo, y es para nosotros. El que está imbuido con el Espíritu de Cristo acata en Cristo. Cualquier cosa que le viene, viene del Salvador, que le rodea con su presencia. Nada puede tocarle sino con el permiso del Señor. . . . Todas las experiencias y circunstancias son obreras de Dios mediante las cuales se nos trae el bien".—*El Ministerio de la Curación*, p. 389.

El ministerio de dolores—"En la plena luz del día, y en oír la música de otras voces, el pájaro enjaulado no cantará la canción que su maestro quiere enseñarle. El aprende un poquito de esto, un trino de aquello, pero nunca una melodía separada y entera. Pero el maestro cubre la jaula, y la ubica donde el pájaro escuchará la única canción que tiene que cantar. En el escuro, él trata y trata otra vez a cantar aquella canción hace que la aprende, y sale con perfecta melodía. Entonces se trae fuera el pájaro, y de ahí en adelante puede cantar esta canción en la luz. Así Dios trata con sus hijos. El tiene una canción a enseñarnos, y cuando la hemos aprendido en medio de las sombras de la aflicción podemos de ahí en adelante cantarla".—*El Ministerio de la Curación*, p. 374.

Descansar en el amor de Cristo—"Muchas veces su mente puede ser confusa por casa del dolor. Entonces no trates de pensar. Sabes que Jesús te ama. El entiende tu debilidad. Puedes hacer su voluntad por simplemente descansar en sus brazos".— *El Ministerio de la Curación*, p. 194.

"Cuando tentaciones te atacan, cuando cuidado, perplejidad, y oscuridad parece rodear tu alma, mira hacia el lugar donde recién viste la luz. Descansa en el amor de Cristo y bajo su cuidado protector".— *El Ministerio de la Curación*, p. 193.

Capítulo 42

Cuando la Mente Vaga

Traerla de Vuelta—"La oración diaria es tan esencial para el crecimiento en la gracia, y aún a la misma vida espiritual, como es el alimento temporal al bienestar físico. Debemos acostumbrarnos a frecuentemente levantar los pensamientos a Dios en oración. Si la mente vaga, tenemos que traerla de vuelta; por esfuerzo perseverante, finalmente el hábito lo hará fácil".—*Mensajes para los Jóvenes*, p. 79.

Se requiere esfuerzo—"'Ceñid los lomos de vuestro entendimiento', dice el apóstol; entonces controla tus pensamientos, no permitiéndolos a tomar cuenta plena. Los pensamientos se pueden guardar y controlar por tus esfuerzos determinados".—*El Hogar Cristiano* p. 44.

La oración por ayuda—"No importa la luz espiritual de uno, no importa cuánto él goza del favor y bendición divinos, debe siempre andar en humildad delante del Señor, suplicando en fe que Dios dirija cada pensamiento y controle cada impulso".—*Patriarcas y Profetas*, p. 445.

"Solamente Cristo puede dirigir correctamente los pensamientos".—*Consejos para los Maestros*, p. 306.

Vigilar constantemente—“Dios quiere que confíes en su amor, y constantemente vigiles tu alma por cerrar los portales de tus pensamientos, que no lleguen a ser inmanejables”.—*Hijos e Hijas de Dios*, p. 100.

Escucha por la voz de Dios—“Debemos individualmente escucharle hablar al corazón. Cuando cada otra voz está callada, y en quietud esperamos delante de él, el silencio del alma hace más distinta la voz de Dios. El nos pide, ‘Estad quietos, y conoced que yo soy Dios’. Salmo 46:10”.—*El Deseado de Todas las Gentes*, p. 331.

Arrodillarse delante de Dios—“Tanto en la adoración pública como en la privada es nuestro privilegio arrodillarnos delante de Dios cuando le ofrecemos nuestras peticiones”.—*Profetas y Reyes*, p. 33.

“Que este acto testifique que todo el alma, cuerpo, y espíritu están sujetos al Espíritu de la verdad”.—*2 Mensajes Selectos*, p. 362.

“El hombre debe venir de rodilla doblada, como sujeto de la gracia, un suplicante al escabel de la misericordia”.—*2 Mensajes Selectos*, p. 363.

Orando en voz alta—“El [Jesús] pasó noches enteras en oración en las montañas solitarias. . . . Fue por nuestra cuenta que él derramó sus oraciones a su Padre con gritos fuertes y lágrimas”.—*3 Testimonios*, p. 418.

“Al sonido de la oración ferviente, los huestes de Satanás tiemblan”.—*1 Testimonios*, p. 309.

Capítulo 43

Cuando la Oración se Necesita Grandemente

Los agobiados y cargados—“Invita a todos que no están satisfechos que están preparados para la venida de Cristo, y que se sienten agobiados y cargados, que vengan aparte por si mismos. Que los que son espirituales aconsejen con estas almas. Que oren con y por ellos. Que pasen mucho tiempo en oración y en la búsqueda muy de cerca de la Palabra. Que todos obtengan los hechos reales de la fe en sus propias almas a través de creer que el Espíritu Santo les será dado por que tienen una hambre y sed verdaderas por la justicia. Enséñales cómo rendirse a Dios, cómo creer, cómo reclamar las promesas. Que el profundo amor de Dios se exprese en palabras de ánimo, en palabras de intercesión.

“Que haya mucho más lucha con Dios por la salvación de las almas. Trabaja abnegadamente, definitivamente, con un espíritu de nunca soltar. Obliga a las almas que entren a la cena de bodas del Cordero. Que haya más de orar, de creer, y de recibir, y más de obrar junto con Dios”.—*6 Testimonios*, p. 72.

Los impotentes—"Pueden orar con y por los impotentes que no tienen la fuerza de voluntad para controlar los apetitos que la pasión ha degradado. Pueden llevar un rayo de esperanza en las vidas de los vencidos y desalentados. Su amor altruista, manifestado en actos de bondad desinteresada, hará más fácil para estos sufridores creer en el amor de Cristo".—*El Ministerio de la Curación*, p. 103.

Miembros de Iglesia mundanos—"La levadura de divinidad no ha perdido enteramente su poder. A la vez cuando el peligro y la depresión de la iglesia están al máximo, la pequeña compañía que está de pie en la luz va a suspirar y llorar por las abominaciones que se hacen en la tierra. Pero aún más sus oraciones suben a favor de la iglesia porque sus miembros están haciendo a la manera del mundo.

"Las oraciones sinceras de estos pocos fieles no serán en vano. Cuando el Señor sale como vencedor, él también vendrá como protector de todos aquellos que han preservado la fe en su pureza y se han mantenido a si mismos sin mancha del mundo. Es en aquella hora que Dios ha prometido vengar a sus propios elegidos que claman día y noche a él, aunque él padezca largamente con ellos".—*5 Testimonios*, p. 195. [Léase el capítulo entero.]

Cuando los hombres se reúnen en concilios—"Cuando se reúnen en concilios, unas pocas palabras de oración formal son ofrecidas; pero en los corazones de los presentes no se traen en armonía con Dios por oración sincera e importuna, ofrecida en fe viva, en un espíritu humilde y contrito. Si los fideicomisarios se divorcian del Dios de sabiduría y poder, no pueden preservar la integridad elevada en tratar con sus semejantes como Dios demanda. Sin la sabiduría divina, su propio espíritu estará tejido en las decisiones que hacen. Si esos hombres no están en comunicación con Dios, seguramente Satanás estará presente en sus concilios y tomará la ventaja de su estado no consagrado. Actos de injusticia acontecerán, porque Dios no preside. El Espíritu de Cristo tiene que ser un poder que habita y controla el corazón y la mente.

"Debéis llevar al Señor junto en cada uno de vuestros concilios. Si se realiza su presencia en las asambleas, cada transacción será considerada conscientemente y con oración. Cada motivo sin principios será reprimido, y rectitud va a caracterizar todas vuestras transacciones, en asuntos pequeños bien como grandes. Primero buscad el consejo de Dios, porque esto es necesario para que podáis aconsejaros juntos apropiadamente".—*5 Testimonios*, p. 528.

"Dios trabajaría poderosamente por su pueblo hoy si se colocaran plenamente bajo su dirección. Ellos necesitan la presencia constante del Espíritu Santo. Si hubiera más oración en los concilios de los que llevan responsabilidades, más humillación del corazón delante de Dios, veríamos evidencia abundante de liderazgo divino, y nuestra obra haría rápido progreso".—*8 Testimonios*, p. 249.

Más tiempo para trabajar—"Una vasta responsabilidad se devuelve sobre hombres y mujeres de oración a través de la tierra a pedir que Dios barra la nube de maldad y dé unos años más de gracia en la cual trabajar por el Maestro. Vamos rogar a Dios que los ángeles contengan los cuatro vientos hasta que misioneros sean enviados a todas las partes del mundo y proclamen la amonestación contra la desobediencia de la ley de Jehová".—*5 Testimonios*, p. 671.

Para despertar al pueblo de Dios—"Satanás lleva a muchos para creer que la oración a Dios es inútil y solamente una forma. El bien sabe cuán necesarias son la meditación y la oración para mantener a los seguidores de Cristo despertados para resistir su astucia y decepción".—*1 Testimonios*, p. 266.

Para superar la tentación—"Todos son responsables por sus acciones mientras están bajo la aprobación en este mundo. Todos tiene poder para controlar sus acciones si quieren. Si son débiles en virtud y pureza de pensamientos y hechos, pueden obtener ayuda del Amigo de los impotentes. Jesús conoce bien todas las debilidades de la naturaleza humana, y, si se pide, dará fuerza para vencer las tentaciones más poderosas. Todos pueden obtener esta fuerza si la piden en humildad".—*La Conducción del Niño*, p. 440.

Para dominar la lengua—"Arrepentimiento sincero delante de Dios será acepto. Cuando estás por hablar apasionadamente, cierra la boca. No digas ni una palabra. Ora antes de hablar, y ángeles celestiales vendrán a su ayuda y repulsarán a los ángeles malignos, quienes irían a guiarte a deshonrar a Dios, recriminar su causa, y debilitar tu propia alma".—*2 Testimonios*, p. 75.

Capítulo 44

Cuando la Oración es Presuntuosa

La presunción definida—"La presunción es la falsificación de fe de Satanás. La fe reclama las promesas de Dios, y produce fruto en obediencia. La presunción también reclama las promesas, pero las usa como lo hizo Satanás, para disculpar la transgresión. La fe habría llevado a nuestros primeros padres a confiar en el amor de Dios, y obedecer sus mandamientos. La presunción le guió a transgredir su ley, creyendo que su gran amor iba a salvarles de la consecuencia de su pecado".—*El Deseado de Todas las Gentes*, p. 101.

"La así llamada fe en Cristo que pretende liberar a los hombres de la obligación de obedecer a Dios, no es fe, sino presunción".—*El Camino a Cristo*, p. 61.

"Es presunción gratificarse en suposiciones y teorías acerca de asuntos que Dios no nos ha revelado en su Palabra. No tenemos que entrar en especulaciones sobre nuestro futuro estado".—*1 Mensajes Selectos*, p. 203.

Una tentación común—"La presunción es una tentación común, y cuando Satanás asalta a los hombres con esto, él obtiene la victoria nueve veces de diez. Los que profesan ser seguidores de Cristo, y pretenden por su fe ser alistados en la guerra contra toda la maldad en su naturaleza, frecuentemente se metan sin pensar en tentaciones de las cuales sería un milagro sacarles no manchados. . . . Las promesas de Dios no nos son para reclamar temerariamente mientras nos apuramos descuidadamente al peligro. . . . Esta es la más flagrante presunción".—*4 Testimonios*, p. 48.

Satanás tentó a Cristo sobre la presunción—"Entonces él instó a Cristo a darle una prueba más de su dependencia entera a Dios, una evidencia más de su fe que él realmente era el Hijo de Dios, por lanzarse del templo. . . .

"El Redentor del mundo no iría, a la sugerencia de Satanás, tentar a Dios por experimentar presuntamente en su providencia".—*1 Mensajes Selectos*, p. 331.

"El rehusó a presumir sobre la misericordia de su Padre por colocarse en peligro que haría necesario que el Padre celestial manifieste su poder para salvarle del peligro".—*1 Mensajes Selectos*, p. 332.

La presunción es la oración—"Reclamar que la oración será siempre respondida de la misma manera y por la cosa particular que deseamos, es la presunción".—*El Camino a Cristo*, p. 96.

La presunción de Balaam—"El no buscaba hacer la voluntad de Dios, sino escogió su propio curso, y entonces procuraba ganar la aprobación del Señor.

"Hay miles en el día de hoy que procuran seguir un curso semejante. No tendrían ninguna dificultad en comprender su deber si fuera en armonía con sus inclinaciones. . . . Pero porque estas evidencias son contrarias a sus deseos e inclinaciones, frecuentemente las dejan de lado y presumen ir a Dios para aprender su deber".—*Patriarcas y Profetas*, p. 470.

Capítulo 45

La Oración y la Adoración Pública

Un sentido que Dios está presente—"Debe haber un conocimiento inteligente de cómo aproximarse a Dios en reverencia y temor divino con amor devocional".—*2 Mensajes Selectos*, p. 364.

"La verdadera reverencia por Dios es inspirada por un sentido de su grandeza infinita y una realización de su presencia. Con este sentido del Invisible, todo corazón debe ser profundamente impresionado. La hora y el lugar de la oración son sagrados, porque Dios está allí".—*Profetas y Reyes*, p. 34.

Arrodillarse cuando posible—"Tanto en la adoración pública como en la privada es nuestro deber arrodillarnos delante de Dios cuando le ofrecemos nuestras peticiones. Este acto demuestra nuestra dependencia en Dios".—*2 Mensajes Selectos*, p. 360.

Decir el nombre de Dios con reverencia—"Algunos opinen que es una marca de humildad orar a Dios de una manera común, como si hablando con un ser humano. Ellos profanan su nombre por mezclar desnecesariamente y irreverentemente con sus oraciones las palabras 'Dios Todopoderoso', palabras impresionantes y sagradas, y nunca deben pasar por los labios a no ser en tonos bajos y con una sensación de grandiosidad".—*Obreros Evangélicos*, p. 185.

Usar lenguaje sencillo.—"Lenguaje altisonante no es apropiado en la oración, sea la petición que se ofrece en el púlpito, en el círculo familiar, o en secreto. Especialmente debe él que ofrece la oración pública usar lenguaje sencillo, para que los otros puedan comprender lo que se dice y unirse con la petición.

"Es la oración cordial de fe que es escuchada en el cielo y respondida en la tierra. . . .

"Con sencillez debemos declarar nuestras necesidades al Señor, y reclamar su promesa con tanta fe que los en la congregación sabrán que hemos aprendido a prevalecer con Dios en la oración".—*Obreros Evangélicos*, p. 186.

La substancia de nuestras oraciones—"En las reuniones devocionales, nuestras voces deben expresar mediante la oración y el loor nuestra adoración del Padre celestial, para que todos sepan que adoramos a Dios en sencillez y verdad, y en la hermosura de la santidad".—*Consejos para los Maestros*, p. 232.

"No debemos venir a la casa de Dios para orar por nuestras familias al menos que sentimiento profundo nos guíe mientras el Espíritu de Dios les convenza. Generalmente el lugar apropiado para orar por nuestras familias es en el altar familiar. . . . Cuando en la casa de Dios, debemos orar por una bendición presente, y esperar que Dios oiga y responda a nuestras oraciones".—*1 Testimonios*, p. 137.

Duración—"Unos pocos minutos son suficientes para la oración pública común".—*Obreros Evangélicos*, p. 184.

Capítulo 46

El Culto Familiar

"De mañana y de tarde el universo celestial observa cada hogar que ora, y el ángel que tiene el incienso, representando la sangre de la expiación, encuentra acceso a Dios".—*7 Comentario Bíblico*, p. 971 (MS 15, 1897).

Protección prometida—"En cada hogar cristiano se debe honrar a Dios por los sacrificios de mañana y tarde de oración y loor. . . . Es el deber de padres cristianos, de mañana y de tarde, mediante la oración sincera y la fe perseverante, hacer un cerco alrededor de sus hijos".—*Consejos para los Maestros*, p. 105.

"¿Pasará de alto el Señor del cielo tales hogares, y dejar allí ninguna bendición? Claro que no. Ángeles ministradores guardarán a los niños que así son dedicados a Dios".—*Consejos para los Maestros*, p. 105.

La tragedia de un hogar sin oración—"No sé de nada que más me causa tan grande tristeza como un hogar sin oración. No me siente segura en tal hogar por una sola noche; y si no fuera por la esperanza de ayudar a los padres a reconocer su necesidad, y de su triste negligencia, no me quedaría. Los hijos muestran el resultado de la negligencia, porque el temor de Dios no está presente".—*La Conducción del Niño*, p. 490.

El culto familiar debe ser un asunto diario—"El culto familiar no se debe manejar por las circunstancias. No se debe orar ocasionalmente, y cuando tienes mucho trabajo, descuidarla. En hacer así, diriges a tus niños a considerar la oración de ninguna consecuencia especial. . . .

"Debe ser un placer adorar al Señor".—*My Life Today*, p. 29.

Como conducir el culto familiar donde hay niños—"Que el padre escoja una porción de Escritura que es interesante y fácil de entender. . . . Se pueden hacer preguntas, y hacer algunos comentarios sinceros e interesantes; o incidentes, cortos y al punto, se pueden introducir por medio de ilustración. Se puede cantar algunas estrofas de alguna canción animada, y la oración ofrecida debe ser corta y al punto. . . . Que todos se unan en leer la Biblia y en aprender y a menudo repetir la ley de Dios. Va a añadir al interés de los niños si algunas veces son permitidos a escoger la lectura. Pregúntales sobre esto, y deja que ellos hagan preguntas".—*La Conducción del Niño*, p. 494.

Capítulo 47

La Oración de Mañana y de Tarde

Tan necesitada—"Cristo era la base de toda la economía judía. En el servicio del sacerdocio judío estamos continuamente puesto en mente del sacrificio e intercesión de Cristo. Todos que vienen a Cristo hoy tienen que acordarse de que su mérito es el incienso que mezcla con las oraciones de los que se arrepienten de sus pecados y reciben perdón y misericordia y gracia. Nuestra necesidad de la intercesión de Cristo es constante. Día por día, de mañana y de tarde, el corazón humilde precisa ofrecer oraciones por las cuales respuestas de gracia y paz y gozo vendrán vuelta. 'Así que, ofrezcamos siempre a Dios, por medio de él, sacrificio de alabanza, es decir, fruto de labios que confiesan su nombre. Y de hacer bien y de la ayuda mutua no os olvidéis; porque de tales sacrificios se agrada Dios' [Hebreos 13:15, 16]".—*6 Comentario Bíblico*, p. 1078 (MS 14, 1901).

Una ofrenda de gracias a Dios—"En cada familia debe haber tiempos fijos para el culto de mañana y de tarde. ¡Cuán apropiado es que padres congreguen a sus hijos en su presencia antes del desayuno, para agradecer al Padre celestial por su protección durante la noche, y pedirle por su ayuda y dirección y cuidado durante el día! ¡Cuán apropiado, también, cuando viene la tarde, que padres e hijos otra vez se junten delante de él y le agradezcan por las bendiciones del día que acaba de pasar!"—*La Conducción del Niño*, p. 492.

Fielmente hecho por miles de años—"Cuando los sacerdotes de mañana y de tarde entraban el lugar santo en la hora del incienso, el sacrificio diario estaba pronto para ser ofrecido sobre el altar en el atrio afuera. Esta fue una hora de interés intenso para los adoradores que se reunían en el tabernáculo. Antes de entrar en la presencia de Dios por el ministerio del sacerdote, deberían envolverse en la búsqueda del corazón y la confesión del pecado. Se unían en oración silenciosa, con sus rostros hacia el lugar santo. Así sus peticiones ascendían con la nube de incienso, mientras fe se aferraba de los méritos del Salvador prometido prefigurado por el sacrificio expiatorio. Las horas designadas para los sacrificios de la mañana y por la tarde eran consideradas como sagradas, y llegaron a ser observadas como la hora fija para culto a través de la nación judía. Y cuando en otros tiempos los judíos fueron dispersos a tierras distantes, todavía en la hora apuntada dirigían sus rostros hacia Jerusalén y ofrecían sus peticiones al Dios de Israel. En esta costumbre cristianos tienen un ejemplo de la oración de mañana y de tarde. Mientras Dios condena una mera rutina de ceremonias, sin el espíritu de la adoración, él considera con gran placer a aquellos que le aman, inclinándose de mañana y de tarde buscando perdón por pecados cometidos y presentando sus pedidos por bendiciones necesitadas".—*Patriarcas y Profetas*, p. 366.

La dedicación de mañana y de tarde—"Vuestro hogar es un pequeño mundo en sí mismo. . . . Vosotros sois los que tenéis que decidir si vuestros niños van a escoger el servicio de Dios o el servicio del mundo, la vida eterna o la muerte eterna. . . .

"Como los patriarcas de antaño, los que profesan amar a Dios deben levantarle un altar dondequiera que lancen su tienda. . . . Que el padre, como sacerdote en la casa, ponga sobre el altar de Dios el sacrificio de mañana y de tarde, mientras la madre y los hijos se unan en oración y loor. En tal casa a Jesús le agradará a morar.

"Desde cada hogar cristiano una luz divina debe brillar. El amor debe ser revelado en cada hecho. Debe fluir en toda interacción hogareña, mostrándose en bondad cariñosa, en cortesía gentil y abnegada. Hay hogares donde este principio es llevado a cabo—hogares donde se adora a Dios y el amor verdadero reina. Desde estos hogares la oración de la mañana y por la noche asciende a Dios como incienso dulce, y sus mercedes y bendiciones descienden sobre los suplicantes como el rocío de la mañana".—*My Life Today*, p. 33.

La oración sincera de la mañana y por la tarde—"En seguir a Cristo, mirando para él que es el Autor y Consumador de tu fe, sentirás que estás trabajando debajo de su ojo, que estás influido por su presencia, y que él conoce los motivos. A cada paso vas a preguntar humildemente, ¿Será que esto agrada a Jesús? ¿Será que esto traerá gloria a Dios? De mañana y por la tarde sus oraciones sinceras deben ascender a Dios por su bendición y dirección. La oración verdadera se hace dueño del Omnipotente y nos da la victoria. Sobre tus rodillas el cristiano obtiene fuerza para resistir la tentación".—*4 Testimonios*, p. 609.

Tener esto en mente—"Me fue mostrada la necesidad de abrir las puertas de nuestras casas y corazones al Señor. Cuando empezamos en serio por nosotros y nuestras familias, entonces tendremos ayuda de Dios. Me fue mostrado que meramente observando el sábado y orando de mañana y de tarde no son evidencias positivas que somos cristianos. Estas formas exteriores pueden ser observadas estrictamente, y todavía devoción verdadera está en falta. 'Quien se dio a sí mismo por nosotros para redimirnos de toda iniquidad y purificar para sí un pueblo propio, celoso de buenas obras'. Tito 2:14. Todos que profesan ser seguidores de Cristo deben tener dominio de su propio espíritu, no dejándose a sí mismos a hablar quejosamente o impacientemente. El esposo y padre debe frenar aquella palabra impaciente que está por pronunciar. Debe estudiar el efecto de sus palabras a no ser que dejen tristeza y una herida".—*1 Testimonios*, p. 275.

Capítulo 48

El Culto de Mitad de la Semana

Fieles a su deber—"Busca cada oportunidad de ir donde la oración se acostumbra hacer. Los que realmente buscan la comunión con Dios serán vistos en el culto de oración, fieles para hacer su deber y sinceros y ansiosos para cosechar todos los beneficios que puedan ganar. Van a mejorar cada oportunidad de colocarse donde pueden recibir los rayos de luz del cielo".—*El Camino a Cristo*, p. 98.

Cristianos llenos del Espíritu vistos en el culto de oración—"Cuando el Espíritu de Dios consigue trabajar en el corazón, limpiando el alma-templo de la suciedad de la mundanería y del amor de placer, todos serán vistos en el culto de la oración, fieles para hacer su deber y sinceros y ansiosos para cosechar todos los beneficios que pueden ganar".—*4 Testimonios*, p. 451.

Educar la mente para amar el culto de oración—"Prepárate para la eternidad con tanto celo que todavía no hayas manifestado. Educa la mente para amar la Biblia, amar el culto de oración, amar la hora de la meditación, y sobre todo, la hora cuando el alma se comunica con Dios. Llega a tener una mentalidad celestial si quisiera unir con el coro celestial en las mansiones encima".—*2 Testimonios*, p. 241.

El objetivo del culto de oración—"¿Cuál es el objetivo de congregar? ¿Será para informar a Dios, para enseñarle por decirle todo que sabemos en oración? Nos reunimos para edificar los unos a los otros por un intercambio de pensamientos y sentimientos, para recibir poder, y luz, y coraje por medio de llegar a ser conscientes de las esperanzas y aspiraciones de los otros; y mediante nuestras oraciones sinceras y cordiales, ofrecidas en fe, recibimos refresco y vigor de la Fuente de nuestro poder. Estas reuniones deben ser encuentros lo más preciosos y deben ser hechos interesantes para todos que tengan cualquier deseo para las cosas religiosas".—*2 Testimonios*, p. 512.

Haciendo interesante el culto de oración—"Nuestras asambleas sociales y de oración deben ser horas de ayuda especial y de aliento. Cada uno tiene una obra para hacer estas reuniones tan interesantes y provechosas posibles. Esto puede hacerse mejor por tener una experiencia diaria fresca en las cosas de Dios, y no por vacilar en hablar de su amor en las asambleas de su pueblo".—*Servicio Cristiano*, p. 261.

"Charlas y oraciones largas y prosaicas no tienen lugar nunca, y especialmente en la reunión social. . . . Se cansan a los ángeles y a la gente que las escucha. Nuestras oraciones deben ser cortas y al punto".—*4 Testimonios*, p. 74.

Ofrecer oraciones cortas—"Todos deben sentir un deber cristiano de orar corto. Cuéntale al Señor lo que necesitas".—*2 Testimonios*, p. 512.

"Uno o dos minutos es suficiente para cualquier oración ordinaria".—*2 Testimonios*, p. 514.

Capítulo 49

Orar de Todo Corazón

El espíritu de la oración en lucha—"Hay necesidad de oración—oración más sincera, ferviente, y agonizante—tal como David ofreció cuando exclamó: 'Como el ciervo brama por las corrientes de las aguas, así clama por ti, oh Dios, el alma mía.' 'He aquí yo he anhelado tus mandamientos.' 'He deseado tu salvación.' 'Anhela mi alma y aun ardientemente desea los atrios de Jehová; mi corazón y mi carne cantan al Dios vivo.' 'Quebrantada está mi alma de desear tus juicios en todo tiempo.' [Salmo 42:1; 119:40, 174; 84:2; 119:20.] Este es el espíritu de la oración en lucha".—*4 Testimonios*, p. 525.

Tenemos que aprender a orar con gran sinceridad—"Cuando con sinceridad e intensidad expresamos una oración en el nombre de Cristo, hay en esta misma intensidad una promesa de Dios que él está por responder a nuestra oración 'mucho más abundantemente de lo que pedimos o entendemos' [Efesios 3:20]".—*Palabras de Vida del Gran Maestro*, p. 113.

Sinceridad intensa—"Dios será para nosotros todo que permitimos que sea. Nuestras oraciones lánguidas y poco entusiastas no nos traerán beneficios del cielo. Oh, ¡precisamos presionar nuestras peticiones! Pedir en fe, esperar en fe, recibir en fe, y regocijar en esperanza, porque todos que buscan encuentran. Sé fervoroso en el asunto. Busca a Dios con todo el corazón. . . . Con sinceridad intensa aprende la lección de buscar las ricas bendiciones que Dios ha prometido, y con esfuerzo perseverante y determinado puedes tener su luz y su verdad y su rica gracia".—*Nuestra Elevada Vocación*, p. 133.

Como enfrentar tentación y prueba—"Cuando tentaciones y pruebas se precipitan sobre nosotros, vamos a ir a Dios y agonizar con él en oración. No nos mandará fuera vacíos, sino nos dará gracia y poder para vencer, y para quebrar el poder del enemigo".—*Primeros Escritos*, p. 46.

Ganando las victorias más grandes—"Las victorias más grandes para la iglesia de Cristo o para el cristiano individual no son los que son ganados por talento o educación, por riqueza o por el favor de los hombres. Son las victorias ganadas en la cámara de audiencias con Dios, cuando fe sincera y agonizante echa mano del poderoso brazo del poder".—*Patriarcas y Profetas*, p. 201.

En la crisis futura—"La hora de dolor y angustia delante de nosotros necesitará una fe que puede soportar cansancio, demora, y hambre—una fe que no desmaye a pesar de ser severamente probada. . . . Los que no son dispuestos a negar el yo, a agonizar delante de Dios, a orar larga y sinceramente para su bendición, no van a obtenerla".—*El Conflicto de los Siglos*, p. 606.

Capítulo 50

Velad en Oración

Velad en oración—"Velad en oración. Sólo así podéis poner todo el ser en la obra del Señor. Tened que poner el yo en el fondo. Los que hacen el yo prominente ganan una educación que luego les llega a ser la segunda naturaleza; y luego van a faltar en darse cuenta de que en vez de elevar a Jesús, se elevan a si mismos".—*Consejos Sobre la Salud*, p. 562.

Velad por trabajar—"No podemos depender de forma o maquinaria externa. Lo que necesitamos es la influencia vivificadora del Espíritu Santo de Dios. 'No con ejército, ni con fuerza, sino con mi Espíritu, ha dicho Jehová de los ejércitos' [Zacarías 4:6]. Orad sin cesar, y velad por trabajar de acuerdo con sus oraciones. Cuando oráis, creed, confiad en Dios. Es la hora de la lluvia tardía, cuando el

Señor dará abundantemente de su Espíritu. Sed fervientes en oración, y velad en el Espíritu".—*Testimonios para los Ministros*, p. 512.

La lección de David—"Dios destinaba la historia de la caída de David para servir como amonestación que aún aquellos a quienes él ha grandemente bendito y favorecido no deben sentirse seguros y dejar la vigilancia y la oración. Y así sea aprobado a los que en humildad han buscado aprender la lección que Dios proponía enseñar. De generación en generación miles han sido así dirigidos a darse cuenta de su propio peligro del poder del tentador. La caída de David, uno tan grandemente honrado por el Señor, ha despertado en ellos desconfianza en el yo. Han sentido que sólo Dios podía mantenerles por su poder a través de la fe. Sabiendo que en él estaba su fuerza y seguridad, ellos han temido tomar la primera pisada en la tierra de Satanás".—*Patriarcas y Profetas*, p. 783.

La lección de Salomón—"¡Qué lección para todos que desean salvar sus almas de velar en oración continuamente! ¡Qué amonestación para mantener la gracia de Cristo siempre en su corazón, para luchar contra las corrupciones interiores y las tentaciones exteriores!"—*2 Comentario Bíblico*, p. 1032.

Velar que no sea desplazado—"Tienes que velar, que las actividades bien ocupadas de la vida no te lleven a desplazar la oración justo cuando necesitas el poder que la oración iba a dar. La divinidad está en peligro de estar empujada del alma mediante demasiada devoción a negocios. Es un gran mal defraudar al alma del poder y sabiduría celestial que están esperando tu demanda. Necesitas aquella iluminación que sólo Dios puede dar. Ninguno es capaz de conducir sus negocios a menos que tenga esta sabiduría".—*5 Testimonios*, p. 529.

Vigilante y lleno de oración—"Los jóvenes ignoran los muchos peligros a los cuales son diariamente expuestos. No puedes nunca conocerlos completamente; pero si vigilan y oran, Dios mantendrá sus conciencias sensibles y sus percepciones claras, para que disciernan las obras del enemigo y sean fortificados contra sus ataques".—*3 Testimonios*, p. 412.

Las salvaguardias de la pureza—"Hasta que el conflicto sea terminado, habrán aquellos que se apartan de Dios. Satanás va a formar las circunstancias de tal manera que a menos que estamos protegidos por el poder divino, van debilitar imperceptiblemente las fortalezas del alma. Tenemos que preguntar a cada paso, '¿Es esto el camino del Señor?' Por cuanto dure la vida, habrá la necesidad de guardar las afecciones y pasiones con un propósito firme. Ni un momento podemos estar seguros a menos que dependemos de Dios, la vida escondida con Cristo. Vigilancia y oración son las únicas salvaguardias de la pureza".—*Profetas y Reyes*, p. 61.

Sin la vigilancia y la oración—"Ellos no ven la importancia de autoconocimiento y autocontrol. No vigilan ni oran, para no entrar en la tentación. Si vigilaran, llegarían a conocer sus puntos débiles, en que son más dispuestos a ser atacados por la tentación. Con vigilancia y oración sus puntos más débiles pueden ser tan guardados que pueden llegar a ser sus puntos más fuertes, y pueden encontrarse con la tentación sin ser vencidos".—*2 Testimonios*, p. 453.

El consuelo divino—"Hay muchos que llegan a ser inquietos cuando no pueden saber el resultado definitivo de los asuntos. No puede soportar la incertidumbre, y en su impaciencia rehúsan a esperar para ver la salvación de Dios. Males aprehendidos les empujan a ser casi distraídos. Se entregan a sus sentimientos rebeldes, y corren de aquí para allá en dolor apasionado, buscando inteligencia para lo que no ha sido revelado. Si fueran a confiar en Dios, y a vigilar, encontrarían el consuelo divino. Su espíritu quedaría calmado por comunión con Dios. Los cansados y cargados encontrarían descanso para sus almas si sólo fueran a Jesús; pero cuando desatienden los medios que Dios ha ordenado por su consuelo, y se aprovechan de otras fuentes, esperando a saber lo que Dios ha retenido, cometen el error de Saúl, y así ganan solamente un conocimiento del mal".—*Patriarcas y Profetas*, p. 742.

Capítulo 51

Vigilar y Orar

El tiempo es corto—"El gran conflicto que Satanás creó en las cortes celestiales es pronto, muy pronto, para ser decidido por siempre. . . Ahora, como nunca antes, Satanás ejerce su poder de decepción para engañar y destruir a cada alma descuidada".—*7 Testimonios*, p. 138.

Los métodos de Satanás—"Cuando se encuentra frustrado en un punto, él toma nueva tierra y tácticas frescas, y trata otra vez, haciendo maravillas para engañar y destruir a los hijos del hombre. A los jóvenes se debe amonestar cuidadosamente contra su poder. . . . Deben aferrarse a la Palabra de Dios y dar atención al consejo y asesoramiento".—*4 Testimonios*, p. 210.

Probado individualmente—"Satanás hará uso de los esfuerzos más poderosos . . . en el último gran conflicto. . . . La fe de los miembros individuales de la Iglesia será probada como si hubiera ninguna otra persona en el mundo".—*7 Comentario Bíblico*, p. 983.

Los ángeles ***malignos ayudan***—"Él [Satanás] tiene legiones de ángeles malignos que envía a cada punto donde la luz del cielo está iluminando a la gente. Allá coloca sus agentes para captar a cada hombre, mujer, o niño descuidado y ponerlo a su servicio".—*4 Testimonios*, p. 208.

Constantemente alertas—"Que cada alma esté alerta. . . . Sed vigilantes, mirando diligentemente a no ser que alguna trampa cuidadosamente escondida y brillante os tome imperceptiblemente. . . . A menos que estamos constantemente en guardia, caeremos como presa fácil a sus decepciones innúmeras".—*8 Testimonios*, p. 107.

Un aseguramiento confortante—"Satanás dirige a muchos para creer que la oración a Dios es inútil y solamente una forma. El bien sabe cuán importantes son la meditación y la oración para mantener alerta a los seguidores de Cristo para resistir su astucia y decepción".—*1 Testimonios*, p. 266.

"La oración de fe es la gran fuerza del cristiano y seguramente prevalecerá contra Satanás".—*1 Testimonios*, p. 267.

Andar en la oración—"El enemigo no puede vencer al aprendiz humilde de Cristo, al que anda en la oración delante del Señor. . . .

"Si Satanás hubiera sido permitido a salirse con la suya, no habría esperanza para Pedro. El habría hecho un naufragio completo de la fe. Pero el enemigo no se atreve ir ni un pelo más allá de su esfera designada. No hay poder en todas las fuerzas satánicas que puede deshabilitar al alma que confía, en confianza sencilla, en la sabiduría que procede de Dios".—*My Life Today*, p. 316.

Capítulo 52

Entonces Velad

Mirando hacia arriba—"Una compañía fue representada delante de mí. . . . Esperaban y vigilaban. Sus ojos estaban dirigidos hacia el cielo, y las palabras de su Maestro estaban en sus labios: 'Y lo que a vosotros digo, a todos lo digo: Velad' [Marcos 13:37]".—*2 Testimonios*, p. 174.

"Vi que era imposible tener las afecciones e intereses absortos en los cuidados del mundo, en aumentar las posesiones terrenales, y todavía estar en una posición de esperar y vigilar, como nuestro Salvador nos ha mandado".—*2 Testimonios*, p. 175.

Observar el síntoma—"Observad, hermanos, el primero oscurecimiento de vuestra luz, la primera negligencia de la oración, el primer síntoma de sueño espiritual".—*4 Testimonios*, p. 125.

Otras cosas para observar—"Vela, a no ser que hables precipitado, irritado, e impacientemente. Vela, a no ser que el orgullo encuentre lugar en tu corazón. Vela, a no ser que las pasiones malas te venzan, en lugar de que tú las domines. Vela, a no ser que . . . tú . . . llegues a ser liviano y frívolo, y tu influencia un sabor de la muerte en vez de un sabor de la vida".—*La Fe por la Cual Vivo*, p. 226.

A velad en la oración—"Debemos orar y velar en oración, para que no haya inconsecuencia en nuestras vidas. No debemos faltar en mostrar a otros que comprendemos que velar en oración significa vivir nuestras oraciones delante de Dios, para que él pueda contestarlas".—*1 Mensajes Selectos*, p. 136.

Estar listos para la venida de Cristo—"Debemos velar y trabajar y orar como si fuera éste el último día que nos sería concedido. Cuán intensamente sincera, entonces, sería nuestra vida. Cuán de cerca seguiríamos a Jesús en nuestras palabras y actos".—*5 Testimonios*, p. 186.

"'Orad siempre'; eso es, siempre estar en el espíritu de la oración, y entonces estarás listo para la venida del Señor".—*5 Testimonios*, p. 217.

La ciencia de tu labor—"A cada obrero yo diré: Sal en fe humilde, y el Señor irá contigo. Pero vela la en oración. Esta es la ciencia de tu labor. El poder es de Dios. Obra en dependencia de él, recordando que eres obrero juntamente con él. El es tu Ayudante. Tu poder viene de él. El será tu sabiduría, tu justicia, tu santificación, tu redención. Vístete con el yugo de Cristo, aprendiendo diariamente de él su mansedumbre y abnegación. El será tu consuelo y tu descanso".—*7 Testimonios*, p. 258.

Velad—velad—velad—"'Velad y orad, para que no entréis en tentación'. Marcos 14:38. Velad contra la llegada astuta del enemigo, velad contra viejos hábitos e inclinaciones naturales, para que no se afirmen; empujadlas para tras, y velad. Cuidad los pensamientos, cuidad los planes, para que no lleguen a ser egoístas. Velad sobre las almas que Cristo ha comprado con su propia sangre. Velad por oportunidades para hacerles bien".—*6 Testimonios*, p. 410.

Capítulo 53

Luchando con Dios

Tenemos que hacerlo—"Los mensajeros fieles de Dios tienen que llevar adelante la obra del Señor de su manera designada. Deben colocarse en íntima conexión con el Gran Maestro, para que sean diariamente enseñado por Dios. Deben luchar con Dios en oración sincera por un bautismo del Espíritu Santo para que puedan enfrentar las necesidades de un mundo que perece en el pecado. Todo poder es prometido para los que salen en fe para proclamar el evangelio eterno. Como siervos de Dios llevan al mundo un mensaje vivo fresco del trono de la gloria, la luz de la verdad brillará como lámpara encendida, alcanzando a todas las partes del mundo. Así la oscuridad de error e infidelidad se despojará de las mentes de los honestos de corazón en todas las tierras, quienes ahora buscan a Dios, 'si en alguna manera, palpando, puedan hallarle' [Hechos 17:27]".—*Testimonios para los Ministros*, p. 459.

¿Lo haremos?—"¿Llevaremos adelante la obra en la manera de Dios? ¿Estamos dispuestos a ser enseñados por Dios? ¿Lucharemos con Dios en oración? ¿Recibiremos el bautismo del Espíritu Santo? Esto es lo que precisamos y podemos tener en este tiempo. Entonces saldremos adelante con un mensaje del

Señor, y una luz de la verdad brillará adelante como lámpara encendida, alcanzando a todas las partes del mundo. Si andamos humildemente con Dios, Dios andará con nosotros. Vamos a humillar nuestras almas delante de él, y veremos de su salvación".—*Fundamentals of Christian Education*, p. 532 (Léase también *8 Testimonios*, p. 53).

Luchando—la gran medida para resolver los problemas de la Iglesia—"Vi lo que estas reuniones anuales podrían ser, y lo que deben ser—reuniones de labor sincera. Pastores deben buscar una preparación de corazón antes de entrar en la obra de ayudar a los otros, porque el pueblo está bien avanzado de muchos de los ministros. Deben incansablemente luchar en oración hasta que el Señor les bendiga. Cuando el amor de Dios arde en el altar en sus corazones, no van a predicar como mostrar su propia inteligencia, pero para presentar a Cristo que quita los pecados del mundo.

"En la Iglesia primitiva el cristianismo fue enseñado en su pureza; sus preceptos fueron dados con la voz de inspiración; sus ordenanzas no fueron corruptas con las maniobras del hombre. La Iglesia mostraba el espíritu de Cristo y aparecía hermosa en su sencillez. Su adorno fue los principios santos y las vidas nobles de sus miembros. Multitudes fueron ganadas a Cristo, no por exhibición o aprendizaje, sino por el poder de Dios que acompañaba la sencilla predicación de su Palabra. Pero la Iglesia ha llegado a ser corrompida".—*5 Testimonios*, p. 155.

Capítulo 54

Orando en Grupos

Que pequeñas compañías se reúnan—"Que pequeñas compañías se reúnan por la tarde, al mediodía, o de mañana temprano para estudiar la Biblia. Que tengan un tiempo de oración, para que puedan ser fortalecidos, iluminados, y santificados por el Espíritu Santo. Esta obra Cristo quiere que se haga en el corazón de cada obrero. Si vosotros mismos podéis abrir la puerta para recibirla, una gran bendición os vendrá. Ángeles de Dios estarán en vuestra asamblea. Vosotros os alimentaréis de las hojas del árbol de la vida. ¡Qué testimonios podéis dar del conocimiento amante hecho con sus compañeros trabajadores en estas preciosas estaciones cuando procuran la bendición de Dios! Que cada uno cuente su experiencia en palabras sencillas".—*7 Testimonios*, p. 186.

Orando por el bautismo del Espíritu Santo—"¿Por qué no tenemos hambre y sed para el don del Espíritu, ya que este es el medio por el cual debemos recibir poder? ¿Por qué no hablamos sobre esto, orar por esto, predicar acerca de esto? El Señor está más dispuesto a darnos el Espíritu Santo que los padres son para dar buenas dádivas a sus hijos. Por el bautismo del Espíritu cada obrero debe pleitear con Dios. Compañías deben ser reunidas para pedir por ayuda especial, por sabiduría celestial, para que sepan cómo planear y ejecutar sabiamente".—*8 Testimonios*, 29.

Los que oraban durante la gran sacudidura—"Mientras los que oraban seguían sus ruegos sinceros, a veces un rayo de luz de Jesús les vino, para animar sus corazones e iluminar sus rostros. Algunos, yo vi, no participaban en esta obra de agonizar y lograr. Parecían indiferentes y descuidados. No estaban resistiendo la oscuridad en su rededor, y ésta les cerraba como una nube gruesa. Los ángeles de Dios los dejaba y iban a la ayuda de los que oraban en sinceridad. Yo vi que los ángeles de Dios se apuraban a la ayuda de los que luchaban con todo su poder para resistir los ángeles malignos y trataban de ayudarse a si mismos llamando a Dios con perseverancia. Pero sus ángeles dejaron a los que no hacían ningún esfuerzo para ayudarse y los perdí de vista.

"Pregunté por el significado de la sacudidura que había visto y me fue mostrado que esto sería causada por el testimonio directo llamado fuera por el consejo del Testigo Verdadero a los laodiceos".—*Primeros Escritos*, p. 270.

Pasando tiempo juntos en oración—"Tenemos que estar mucho en oración si haríamos progreso en la vida divina. Cuando el mensaje de la verdad fue proclamado por primera vez, ¡cuánto más oramos! . . . Frecuentemente pasamos horas en oración sincera. . . . Nuestros peligros son más peores ahora que entonces".—*5 Testimonios*, p. 151.

Capítulo 55

Buscando Dirección de Dios

Orando por dirección—"Un conocimiento de la verdad no depende tanto del poder de la inteligencia que de la pureza de propósito, la sencillez, y una fe sincera y dependiente. A los que en humildad de corazón buscan la dirección divina, ángeles de Dios se acercan. El Espíritu Santo es dado para abrirles a ellos los ricos tesoros de la verdad".—*Palabras de Vida del Gran Maestro*, p. 39.

Consejos útiles—"Estás luchando por la corona de la vida. . . . Vive para complacerlo a quien te estimaba de tanto valor que dio a Jesús, su Hijo unigénito, para salvarte de tus pecados. . . . Siempre mantén en vista el pensamiento que lo que vale la pena hacer, vale la pena hacer bien. Depende de Dios por su sabiduría, para que no desanimes a ninguna alma en hacer el bien. Trabaja con Cristo en atraerle almas. . . . Haz tu mejor en todo lo que emprende. Jesús es tu Salvador, y depende de él para ayudarte día por día, para que no siembres cizaña, pero la buena semilla del reino. . . .

"Tienes que aprender a ver con el cerebro bien como con los ojos. Tienes que preparar tu juicio para que éste no sea débil e ineficiente. Tienes que orar por dirección, y cometer tu camino al Señor. Tienes que cerrar el corazón contra toda la vanidad y pecado, y abrirlo a cada influencia celestial. Tienes que aprovechar bien tu tiempo y oportunidades, para desarrollar un carácter simétrico".—*Hijos e Hijas de Dios*, p. 285.

Dirección por métodos de riesgo—(Léase con cuidado *2 Mensajes Selectos*, pp. 375-376, 31.)

Evitar pruebas inciertas—"El Señor no trabaja de modo cualquier. Búscalo sinceramente en oración. El va a impresionar la mente, y dará lengua y articulación. El pueblo de Dios tiene que ser educado no para confiar en las invenciones humanas y pruebas inciertas como medios de conocer la voluntad de Dios a su respecto".—*6 Comentario Bíblico*, p. 1054.

"Está escrito"—"Jesús enfrentó a Satanás con las palabras de Escritura. 'Está escrito', dijo él. . . . Satanás exigía de Cristo un milagro como señal de su divinidad. Pero aquello que es más grande que todos los milagros, una dependencia firme de un 'Así dice el Señor', fue la señal que no se podía contradecir".—*El Deseado de Todas las Gentes*, p. 95.

La Palabra de Dios nuestro guía—"La Palabra de nuestro Dios eterno es nuestro guía. A través de esta Palabra estamos hechos sabios para la salvación. Esta Palabra debe estar siempre en nuestros corazones y en nuestros labios. 'Está escrito' tiene que ser nuestra áncora. Los que hacen de la Palabra de Dios su consolador conocen la debilidad del corazón humano. . . . Sus corazones están siempre llenos de oración, y tienen la protección de los santos ángeles".—*6 Testimonios*, p. 165.

Guías inseguros—"Impresiones y sentimientos no son evidencias seguras que una persona es dirigida por el Señor. Satanás, si no se sospecha, dará sentimientos e impresiones. Estos no son guías seguros. Todos deben conocer a fondo las evidencias de nuestra fe, y el gran estudio debe ser cómo pueden adornar su profesión y llevar fruto para la gloria de Dios".—*1 Testimonios*, p. 365.

Ningún recurso o plan humano—"No hay obra casual con Dios en la dirección de su pueblo. Vamos nunca a olvidarnos de que sus providencias nos guían en toda circunstancia de la vida, y que en la determinación de cuestiones importantes sobre su obra y pueblo no hay incertidumbre. . . .

"Nuestra fe en Cristo no se puede cambiar por ningún recurso o plan humano. Los que tienen fe en él . . . nunca van a tomar recurso en un juego de azar por un conocimiento de su deber. Dios no está glorificado por tales experimentos".—*Testimonios Especiales*, Serie B, no. 17, pp. 38, 39.

Cristo dirigido por la voluntad de Dios—"Antes de venir a la tierra, el plan estuvo delante de él, perfecto en todos sus detalles. Pero al andar entre los hombres, estaba dirigido, paso por paso, por la voluntad de Dios. El no vacilaba en actuar en el tiempo apuntado. Con la misma sumisión esperaba hasta que la hora había llegado".—*El Deseado de Todas las Gentes*, p. 121.

Amonestaciones—"Con algunos el mal se ha revelado en una forma de pruebas hechas por el hombre para comprobar un conocimiento de la voluntad de Dios; y me fue mostrado que esta era un engaño que llegaba a ser la infatuación, y que es contraria a la voluntad de Dios".—*2 Mensajes Selectos*, p. 32.

Orar por la dirección divina—"En las multitudes de la calle, en medio de un compromiso de negocios, podemos enviarle una petición a Dios y rogar por dirección divina".—*El Camino a Cristo*, p. 99.

La voluntad de Dios expresada en su Ley—"Dios se acercará a cada alma que busca".—*1 Mensajes Selectos*, p. 136.

"La voluntad de Dios está expresada en los preceptos de su santa Ley, y los principios de esta Ley son los principios del cielo. Los ángeles del cielo no alcanzan ningún otro conocimiento a no ser de conocer la voluntad de Dios, y hacer su voluntad es el servicio más elevado que pueden ocupar sus poderes".—*Discurso Maestro de Jesús*, p. 93.

Tres maneras por las cuales la voluntad de Dios está revelada—"Hay tres maneras por las cuales el Señor nos revela su voluntad, para guiarnos, y habilitarnos a guiar a los otros. ¿Cómo podemos distinguir su voz de la de un desconocido? ¿Cómo debemos distinguirla de la voz de un pastor falso? Dios nos revela su voluntad en su Palabra, las Sagradas Escrituras. Su voz también es revelada en sus obras de providencia; y será reconocida si no separamos nuestras almas de él por andar en nuestros propios caminos, haciendo de acuerdo a nuestras propias voluntades, y siguiendo las sugerencias de un corazón no santificado, hasta que los sentidos han llegado a ser tan confusos que las cosas externas no se disciernan, y la voz de Satanás está tan enmascarada que sea acepta como la voz de Dios.

"Otra manera en que la voz de Dios se oye es a través de las apelaciones de su Espíritu Santo, haciendo impresiones en el corazón, que se verán en el carácter. Si estás en duda en relación de cualquier asunto, primero tienes que consultar las Escrituras. Si verdaderamente has empezado la vida de fe, has dado a ti mismo al Señor para pertenecerle a él totalmente, y él te ha aceptado para formarte y adaptarte según su propósito, para que seas un recipiente de honor".—*5 Testimonios*, p. 483.

La dedicación y la obediencia requeridas—"Pero muchos son atraídos por la hermosura de Cristo y la gloria del cielo, que todavía se encogen de las condiciones por las cuales sólo éstas [bendiciones] pueden llegar a ser suyas propias. . . . Ellos miran para el camino angosto y el portal estrecho; pero el placer egoísta, el amor del mundo, el orgullo, la ambición no santificada, ponen una barrera entre ellos y el Salvador. . . . Desean el bien, hacen algún esfuerzo para obtenerlo;

pero no lo escogen; no tienen un propósito fijo para ganarla al costo de todas las cosas".—*El Discurso Maestro de Jesús*, p. 120.

La fe unida con la oración —"Fe verdadera y oración verdadera . . . son los dos brazos por los cuales el suplicante humano toma el poder del Amor Infinito. Fe significa confiar en Dios—creer que él nos ama, y sabe lo que es para nuestro bien. Entonces, en lugar de nuestro propio camino, nos lleva a escoger su camino".—*Obreros Evangélicos*, p. 273.

Capítulo 56

Para Qué Orar

Pedir cualquier cosa que él ha prometido—"Cada promesa en la palabra de Dios nos proporciona con asuntos para la oración, presentando la palabra fiada de Jehová como nuestra seguridad. Cualquier bendición espiritual que precisamos, es nuestro privilegio de reclamar a través de Jesús. Podemos contar al Señor, con la sencillez de un niño, exactamente lo que necesitamos. Podemos declararle nuestros asuntos temporales, pidiéndole por pan y ropa bien como por el pan de la vida y el vestido de la justicia de Cristo. Tu padre celestial sabe que necesitas todas estas cosas, y estás invitado a pedirle de acuerdo. Es a través del nombre de Jesús que cada favor es recibido. Dios honrará ese nombre, y suplirá sus necesidades de las riquezas de su liberalidad".—*El Discurso Maestro de Jesús*, p. 112.

Pedir alimento—"Cuando oramos, 'El pan nuestro de cada día, dánoslo hoy', pedimos para otros bien como para nosotros. Y damos conocimiento de que lo que Dios nos da no es sólo para nosotros. Dios nos da en confianza, para que podamos alimentar a los hambrientos. . . .

"La oración por el pan cotidiano incluye no solamente el alimento para sostener el cuerpo, pero también ese pan espiritual que va a nutrir el alma hasta la vida eterna".— *El Discurso Maestro de Jesús*, p. 95.

Por sus propias necesidades—"Cada alma tiene el privilegio de declarar al Señor sus necesidades especiales y también de ofrecer sus gracias individuales por las bendiciones que recibe diariamente".—*9 Testimonios*, p. 222.

Por la causa de Dios—"Los intereses variados de la causa nos proveen alimento para la reflexión y la inspiración para nuestras oraciones".—*4 Testimonios*, p. 450.

Por el Espíritu Santo—"Hay ahora necesidad de mucha oración. . . . La dispensación en la cual ahora vivimos tiene que ser, para los que preguntan, la dispensación del Espíritu Santo. Pide por su bendición. Es hora que fuéramos más intensos en nuestra devoción. . . . El Señor espera que pidamos".—*Testimonios para los Ministros*, p. 511.

Por poder y sabiduría—"Al pedir al Señor que te ayude, honra al Salvador por creer que recibes su bendición. Todo poder, toda sabiduría, están a nuestro mandado. Sólo tenemos que pedir".—*El Ministerio de la Curación*, p. 412.

"Debemos buscar sabiduría de lo alto para que podamos quedar firmes en este día de error y decepción".—*Primeros Escritos*, p. 87.

Por un entendimiento de la palabra de Dios—"Ningún hombre está seguro por un día o una hora sin la oración. Especialmente debemos rogar al Señor por la sabiduría para entender su Palabra. Aquí se revela la astucia del tentador y los medios por los cuales el puede ser resistido con éxito. Satanás es inteligente en citar las Escrituras, poniendo su propia interpretación en los pasajes, por la cual espera provocarnos a tropezar".—*El Conflicto de los Siglos*, p. 520.

Por una comprensión de estos tiempos—"Ora con mucho fervor por una comprensión de los tiempos en que vivimos, por un concepto más pleno de su propósito, y por eficiencia en aumento en salvar a las almas".—*2 Mensajes Selectos*, p. 462.

Por nuevas provisiones de gracia—"Los que en el Pentecostés fueron dotados con poder del alto, no fueron por eso liberados de mas tentación y pruebas. Al dar su testimonio por la verdad y la justicia fueron repetidamente atacados por el enemigo de toda la verdad, quien trataba de robarles de su experiencia cristiana. Fueron obligados a luchar con todos los poderes dados por Dios para alcanzar la medida de la estatura de hombres y mujeres en Cristo Jesús. Diariamente oraban por nuevas provisiones de gracia, para que pudieran alcanzar hacia arriba y aún más hacia arriba por la perfección. Bajo la obra del Espíritu Santo aun los más débiles, por ejercer fe en Dios, aprendían a mejorar sus poderes confiados y llegar a ser santificados, refinados, y ennoblecidos. Como en humildad se sometían a la influencia formativa del Espíritu Santo, recibían de la plenitud de la divinidad y fueron formados en la similitud del divino".—*Hechos de los Apóstoles*, p. 40.

Por las necesidades actuales—"La verdad recibida en el corazón puede hacerte sabio para la salvación. En creerla y obedecerla recibirás gracia suficiente por los deberes y pruebas de hoy. Gracia por mañana no precisas. Debes sentir que sólo tienes que ver con la actualidad. Vence por hoy; niega el yo por hoy; vela y ora por hoy; obtén victorias en Dios por hoy. Nuestras circunstancias y alrededores, los cambios diariamente aconteciendo en nuestro redor, y la Palabra escrita de Dios que discierne y prueba todas las cosas—estos son suficientes para enseñarnos nuestro deber y lo que debemos hacer, día por día".—*3 Testimonios*, p. 365.

Capítulo 57

Entrando la Actitud de la Oración

(Nótense: Puede ser que no tengas ganas para orar, aunque sabes que necesitas hacerlo. Esto te va a ayudar: Ora por arrepentimiento. La Escritura revela que un espíritu de arrepentimiento con corazón quebrantado viene de la parte de Dios tan seguramente como el perdón. "El Dios de nuestros padres levantó a Jesús, a quien vosotros matasteis colgándole en un madero. A éste, Dios ha exaltado con su diestra por Príncipe y Salvador, para dar a Israel arrepentimiento y perdón de pecados". Hechos 5:30, 31.)

Colocado en la presencia de Dios—"La oración, sea ofrecida en la asamblea pública, en el altar familiar, o en secreto, coloca al hombre directamente en la presencia de Dios".—*My Life Today*, p. 18.

Tener horas fijas especiales para oración—"Nosotros también debemos tener horas apartadas por la meditación y la oración y para recibir refresco espiritual. No damos como debemos valor al poder y a la eficacia de la oración. Oración y fe harán lo que ningún poder en la tierra puede cumplir".—*El Ministerio de la Curación*, p. 407.

Tratar de estar a solas con él—"Ten un lugar por oración secreta. Jesús tenían lugares escogidos para comunión con Dios, y así debemos nosotros. Necesitamos a menudo retirarnos para algún lugar, sea cuán humilde, donde podemos estar a solas con Dios.

"En el lugar secreto de oración, donde ningún ojo sino el de Dios puede ver, ningún oído sino el suyo puede oír, podemos derramar nuestros deseos y anhelos más ocultos".—*El Discurso Maestro de Jesús*, p. 73.

Leer la Biblia—y orar sobre lo que se lee—"La oración, oh, ¡cuánto se descuida de este privilegio precioso! La lectura de la Palabra de Dios prepara la mente para la oración. . . . La oración es el poder del cristiano. Cuando solo, él no está solo; él siente la presencia de Uno que ha dicho: 'He aquí yo estoy con vosotros todos los días'".—*1 Testimonios*, p. 442.

"Debemos venir con reverencia al estudio de la Biblia, sintiendo que estamos en la presencia de Dios. . . . Cada estudiante, al abrir las Escrituras, debe pedir por la iluminación del Espíritu Santo; y la promesa es segura, que será dada".—*Testimonios para los Ministros*, p. 107.

El poder de la canción—"Que alabanza y acción de gracias sean expresadas en canción. Cuando tentados, en vez de dar expresión a nuestros sentimientos, vamos por la fe levantar una canción de gracias a Dios.

"El cántico es un arma que siempre podemos emplear contra el desánimo".—*El Ministerio de la Curación*, p. 196.

Pensar en y alabar a Dios—"Si apenas fuéramos a pensar en Dios siempre que tenemos evidencia de su cuidado para con nosotros, debemos mantenerlo siempre en nuestros pensamientos y tener deleite en hablar acerca de él y alabarle".—*El Camino a Cristo*, p. 102.

Qué hacer cuando no quieres orar—"Cuando sentimos lo menos inclinado a entrar en comunión con Jesús, vamos a orar aún más. Por hacer así vamos a quebrar la trampa de Satanás; las nubes de la oscuridad van a desaparecer, y vamos a realizar la dulce presencia de Jesús".—*Exaltad a Jesús*, p. 366.

Capítulo 58

Orar por los Otros

Empezar en casa—"Que los que deseen trabajar para Dios empiecen en casa, en su propia familia, en su propio vecindario, entre sus propios amigos. Allí van a encontrar un campo misionero favorable".—*6 Testimonios*, p. 427.

"En la oración privada todos tienen el privilegio de orar tan largo que quieren y de ser tan explícitos que desean. Pueden orar por todos sus familiares y amigos".—*2 Testimonios*, p. 512.

"Dios ha prometido dar sabiduría a todos que piden en fe, y él hará justamente como dije que iba a hacer. El queda agradecido con la fe que le acepta a su palabra. La madre de Agostino oraba por la conversión de su hijo. No veía evidencia que el Espíritu de Dios estaba impresionado su corazón, pero no estaba desanimada. Ella puso su dedo sobre los textos, presentando delante de Dios sus propias palabras, y rogaba como solamente una madre puede hacer. Su profunda humildad, su importunidad sincera, su fe no vacilante, prevalecieron, y el Señor le dio el deseo de su corazón. Hoy él es tan listo a escuchar las peticiones de su pueblo".—*5 Testimonios*, p. 302.

Orar por jóvenes en peligro—"Cuando ellos [tus hijos] entraron en el ejército, tus oraciones les seguían. Fueron maravillosamente preservados de daño. . . . ¡Cuántas oraciones fueron presentadas en el cielo para que estos hijos fueran preservados para obedecer a Dios, y devotar sus vidas para su gloria!"—*2 Testimonios*, p. 248. (De un testimonio personal a una madre después de la Guerra Civil.)

Orar y hablar—"Hay muchos de los cuales la esperanza ya se fue. Tráeles de vuelta la luz del sol. Muchos han perdido su coraje. Háblales palabras de ánimo. Ora por ellos".—*Palabras de Vida del Gran Maestro*, p. 144.

Orar, orar—"El Señor tornó la cautividad de Job cuando éste oró, no solamente por si mismo, pero también por aquellos que le oponían. Cuando él se sentía sinceramente deseosos que las almas que le habían traspasado pudieran ser ayudados, él también recibió ayuda. Vamos a orar, no solamente por nosotros mismos, pero también por los que nos han herido, y siguen hiriéndonos. Ora, ora, especialmente en la mente. No des al Señor descanso; porque sus oídos están abiertos para escuchar oraciones sinceras e importunadas, cuando el alma se humille delante de él".—*3 Comentario Bíblico*, p. 1141.

Orar por personas que visites—"Esta obra requiere que vigile por almas como uno que tiene que dar cuenta. La ternura de Cristo tiene que invadir el corazón del obrero. Si tienes un amor por las almas, vas a demostrar una solicitud tierna por ellos. Vas a ofrecer oraciones humildes, sinceras, y de corazón por los que visites. El aroma del amor de Cristo será revelado en su trabajo. El que dio su propia vida por la vida del mundo va a cooperar con el obrero abnegado para hacer una impresión en los corazones humanos".—*6 Testimonios*, p. 82.

Orar por personas que sufren—"El divino Curador está presente en el cuarto del enfermo; él escucha cada palabra de las oraciones que le están ofrecidas en la sencillez de la verdadera fe. Sus discípulos hoy tienen que orar por los enfermos tan cuanto hacía los discípulos de antaño. Y habrá recuperaciones; porque 'la oración de fe salvará al enfermo'".—*Obreros Evangélicos*, p. 227.

Resultados maravillosos vistos más tarde—"Con amor inexpresable, Jesús da la bienvenida a sus fieles al gozo de su Señor. El gozo del Salvador está en ver, en el reino de gloria, a las almas que han sido salvadas por su agonía y humillación. Y los redimidos van a compartir su gozo, al contemplar, entre los benditos, los que han sido ganados para Cristo a través de sus oraciones, sus labores, y su sacrificio de amor. Al reunirse alrededor del gran trono blanco, gozo inexpresable llenará sus corazones, cuando contemplan a los que han ganado por Cristo, y ven que uno ganó a otros, y éste aún otros, todos traídos para el refugio de descanso, allá para dejar sus coronas a los pies de Jesús y alabarle a través de los ciclos sin fin de la eternidad".—*El Conflicto de los Siglos*, p. 629.

Capítulo 59

La Voz de Dios al Hombre

Tiempo para escuchar—"Cristo siempre envía mensajes a los que escuchan por su voz".—*El Ministerio de la Curación*, p. 407.

Cuando otras voces están silenciosas—"Cuando cada otra voz está silenciada, y en quietud esperamos delante de él, el silencio del alma hace más distinta la voz de Dios".—*El Deseado de Todas las Gentes*, p. 331.

La voz de Dios en las Escrituras—"La Biblia es la voz de Dios hablando a nosotros, tan seguramente como si pudiéramos escucharla con nuestros oídos".—*6 Testimonios*, p. 393.

"Las escrituras tienen que ser recibidas como la palabra de Dios para nosotros, no meramente escritas, pero habladas. . . .

"Así con todas las promesas de la Palabra de Dios. En ellas él nos habla individualmente, hablando tan directo como si pudiéramos escuchar su voz".— *El Ministerio de la Curación*, p. 84.

"Nunca intentes a buscar las Escrituras si no estás listo para escuchar . . . a la Palabra de Dios como si su voz hablara directamente a ti de los Oráculos vivos".—*7 Comentario Bíblico*, p. 919.

La voz de Dios en el deber—"Nada dará tan claras vistas del yo como la oración secreta. . . . Deberes normales y sencillos que no pueden ser dejados abrirán delante de ti".—*5 Testimonios*, p. 152.

"No hay ayuda para hombre, mujer, o niño que no quiere escuchar y obedecer la voz del deber, porque la voz del deber es la voz de Dios".—*Testimonios para los Ministros*, p. 402.

La voz de Dios en la conciencia—"La conciencia es la voz de Dios".—*5 Testimonios*, p. 112.

"Tenemos que resistir y conquistar la inclinación, y obedecer la voz de la conciencia sin discutir o comprometer, no sea que sus direcciones cesen, y la voluntad y el impulso controlen".—*1 Mensajes Selectos*, p. S1.

La voz de Dios en su Espíritu—"Otra manera en que se oye la voz de Dios es a través de las súplicas del Espíritu Santo, haciendo impresiones en el corazón".—*5 Testimonios*, p. 483.

Capítulo 60

Orando en el Nombre de Cristo

Más que una mención—"Orar en el nombre de Jesús es mucho más que una mera mención de ese nombre en el comienzo y el fin de la oración. Significa orar en la mente y en el espíritu de Jesús, mientras creemos en sus promesas, dependemos de su gracia, y hacemos sus obras".— *El Camino a Cristo*, p. 100.

Todo en su nombre—"Los discípulos tenían que llevar su obra adelante en el nombre de Cristo. Cada palabra y hecho suyos tenían que fijar la atención en su nombre, como poseyendo aquel poder vital por el cual pecadores podrían ser salvos. . . . En su nombre tenían que presentar sus peticiones al Padre, e iban a recibir respuesta. . . . Nada debía ser reconocido en su reino que no llevaba su nombre y sobrescrito". —*Hechos de los Apóstoles*, p. 23.

Pedir en su nombre—"'Pidáis en mi nombre', dice Cristo. . . . 'Esto dará eficiencia a vuestras oraciones, y el Padre os dará las riquezas de su gracia. De manera que, pidáis, y recibiréis, que vuestro gozo abunde'".—*8 Testimonios*, p. 190.

Dios honra ese nombre—"'Si pedimos alguna cosa conforme a su voluntad, él nos oye. Y si sabemos que él nos oye en cualquiera cosa que pidamos, sabemos que tenemos las peticiones que le hayamos hecho'. 1 Juan 5:14, 15. Entonces insiste tu petición al Padre en el nombre de Jesús. Dios honrará ese nombre".—*Palabras de Vida del Gran Maestro*, p. 113.

El secreto del éxito—"Todavía los discípulos no conocían los recursos y poder ilimitados del Salvador. Les dijo: 'Hasta ahora nada habéis pedido en mi nombre'. Juan 16:24. El explicó que el secreto de su éxito sería en pedir poder y gracia en su nombre. El estaría presente delante del Padre para pedir en su lugar. . . .

"No hay persona viva que tenga cualquier poder que no haya recibido de Dios, y la fuente del cual viene está abierta al ser humano más débil. 'Todo lo que pidiereis al Padre en mi nombre', dijo Jesús, 'lo haré, para que el Padre sea glorificado en el Hijo'. 'Si algo pidiereis en mi nombre, yo lo haré'. [Juan 14:13, 14]".—*El Deseado de Todas las Gentes*, p. 620.

Dios se deleita en responder—"Debemos orar no solamente en el nombre de Cristo, pero también por la inspiración del Espíritu Santo. Esto explica lo que significa que cuando se dice que el Espíritu 'intercede por nosotros con gemidos indecibles'. Romanos 8:26. En tal oración Dios se deleita en responder. Cuando con sinceridad e intensidad susurramos una oración en el nombre de Cristo, hay en esta misma intensidad una promesa de Dios que él está por responder a nuestra oración 'mucho más abundantemente de lo que pedimos o entendemos'. Efesios 3:20".—*Palabras de Vida del Gran Maestro*, p. M13.

El significado de orar en su nombre—"Orar en el nombre de Cristo significa mucho. Significa que tenemos que aceptar su carácter, manifestar su espíritu, y hacer sus obras. La promesa del Salvador está dada con condiciones. 'Si me amáis', dice él, 'guardad mis mandamientos'. El salva a los hombres, no en el pecado, sino del pecado; y los que le aman van a mostrar su amor por la obediencia".—*El Deseado de Todas las Gentes*, p. 621.

Capítulo 61

Nuestras Oraciones Van a Nuestro Sumo Sacerdote en el Santuario - 1

El tercer ángel ***apunta para la obra de Cristo como nuestro Mediador***—"Yo vi el incienso en el incensario ahumar mientras que Jesús ofrecía sus confesiones y oraciones al Padre. Al ascender, una luz brillante posaba sobre Jesús y sobre el propiciatorio; y los oradores sinceros, inquietos porque se habían descubierto a ser transgresores de la ley de Dios, fueron benditos, y sus rostros se iluminaban con esperanza y gozo. Se unían en la obra del tercer ángel y levantaban sus voces para proclamar la amonestación solemne. Pero al principio pocos la recibían; pero los fieles seguían con energía a proclamar el mensaje. Entonces vi que muchos abrazaban el mensaje del tercer ángel y unían sus voces con los otros que primero habían dado la amonestación, y honraban a Dios en observar su santo día de descanso.

"Muchos que habían aceptado el tercer mensaje no habían tenido una experiencia en los dos mensajes anteriores. Satanás entendía esto, y su ojo maligno se fijaba en ellos para vencerlos; pero el tercer ángel estaba indicándoles el Lugar Santísimo, y los que habían tenido una experiencia en los mensajes anteriores les apuntaban el camino para el Santuario celestial. Muchos veían la perfecta cadena de la verdad en los mensajes de los ángeles, y gozosamente los recibían en su orden y seguían a Jesús por fe en el Santuario celestial. Estos mensajes me fueron representados como una áncora para el pueblo de Dios. Los que los entienden y reciben serán guardados de ser engañados por los muchos engaños de Satanás".—*Primeros Escritos*, p. 256.

Orar hacia el Santuario—"No te inclines con el rostro cubierto como si hubiera algo que quería ocultar; sino eleva tus ojos hacia el Santuario celestial, donde Cristo su Mediador se pone delante del Padre para presentar tus oraciones, mezcladas con su propio mérito y justicia sin manchas, como incienso fragante".—*Consejos para Maestros*, p. 228.

Cada oración sincera asciende al santuario—"Todavía los discípulos desconocían los recursos y poder ilimitados del Salvador. El les dijo, 'Hasta ahora nada habéis pedido en mi nombre'. Juan 16:24. El explicó que el secreto de su éxito sería en pedir en su nombre por poder y gracia. El estaría presente delante del Padre para hacer pedido en su lugar. En la oración del humilde suplicante él presenta como su propio deseo en lugar de aquella alma. Cada oración sincera se escucha en el cielo. Puede ser que no sea expresada fluentemente; pero si el corazón está en ella, ésta ascenderá al santuario donde Jesús ministra, y él la presentará al Padre sin cualquier palabra torpe o tartamudez con el incienso de su propia perfección".—*El Deseado de Todas las Gentes*, p. 620.

Observado, fortalecido, y cuidado—"Dios no los deja para luchar desamparados contra el tentador. Ellos tienen un Ayudante todopoderoso.

"Mucho más fuerte que su enemigo es Aquel que en este mundo y en naturaleza humana encontró y conquistó a Satanás, resistiendo cada tentación que viene a los jóvenes de hoy. El es su Hermano Mayor. El siente por ellos un interés profundo y tierno. El mantiene sobre ellos una vigilancia constante, y regocija cuando ellos tratan de agradarle. Cuando orando, el mezcla con sus oraciones el incienso de su justicia, y les ofrece a Dios como sacrificio aromático. En su poder los jóvenes pueden durar dificultades como buenos soldados de la Cruz. Fortalecidos con su poder, son habilitados para alcanzar los ideales altos por delante. El sacrificio hecho en el Calvario es el compromiso de su victoria".—*Mensajes Para los Jóvenes*, p. 93.

Al Ángel ***del pacto***—"Ora, sí, ora con fe y confianza firmes. El Ángel del pacto, aún nuestro Señor Jesucristo, es el Mediador que hace segura la aceptación de las oraciones de sus creyentes".—*8 Testimonios*, p. 191.

A nuestro Abogado—"El Señor no consideraba el plan de la salvación completa mientras investida con su propio amor solamente. Por su designación ha colocado a su altar a un Abogado vestido con nuestra naturaleza. Como nuestro Intercesor, la obra del oficio de Cristo es de presentarnos a Dios como sus hijos e hijas.

"Cristo se ha comprometido a si mismo como nuestro substituto y seguridad, y él no abandona a nadie. Hay un fondo inexhausto de perfecta obediencia como resultado de su obediencia. En el cielo sus méritos, su abnegación y el sacrificio de sí mismo, son atesorados como incienso a ser ofrecido con las oraciones de su pueblo. Mientras las oraciones sinceras y humildes del pecador ascienden al trono de Dios, Cristo los mezcla con los méritos de su propia vida de obediencia perfecta. Nuestras oraciones son hechas aromáticas por este incienso. Cristo se ha comprometido a sí mismo para interceder en nuestro lugar, y el Padre siempre atiende al Hijo".— *Hijos e Hijas de Dios*, p. 24.

El vínculo que conecta—"En el nombre de Cristo nuestras peticiones ascienden al Padre. El intercede por nosotros, y el Padre abre todos los tesoros de su gracia por nuestra apropiación, para que los disfrutemos e impartamos a los otros. 'Pidáis en mi nombre', dice Cristo. 'No os digo que yo rogaré al Padre por vosotros, pues el Padre mismo os ama. Hagáis uso de mi nombre. Esto dará eficiencia a vuestras oraciones, y el Padre os dará las riquezas de su gracia. Entonces pidáis, y recibiréis, que vuestro gozo sea completo'.

"Cristo es el vínculo que conecta entre Dios y el hombre. El ha prometido su intercesión personal. El coloca toda la virtud de su justicia en el lado del suplicante. El ruega por el hombre, y el hombre, que necesita de ayuda divina, ruega por si mismo en la presencia de Dios, usando la influencia de Uno que dio su vida por la vida del mundo. Cuando damos conocimiento delante de Dios de nuestro aprecio de los méritos de Cristo, Cristo nos coloca bien cerca de su lado, rodeándonos con su brazo humano, mientras que con su brazo divino agarra el trono del Infinito. El pone sus méritos, como incienso dulce, en el incensario en nuestras manos, para alentar nuestras peticiones. El promete escuchar y responder a nuestras súplicas.

"Sí, Cristo ha llegado a ser el medio de oración entre el hombre y Dios. El también ha llegado a ser el medio de bendición entre Dios y el hombre. El ha unido la divinidad con la humanidad. Los hombres tienen que cooperar con él por la salvación de sus propias almas, y entonces hacer esfuerzos sinceros y perseverantes para salvar a los que están listos a morir".—*8 Testimonios*, p. 190.

Por los portales—"Las oraciones sencillas procesadas por el Espíritu Santo ascenderán por los portales abiertos, la puerta abierta que Cristo ha declarado: Lo he abierto, y ningún hombre puede cerrar. Estas oraciones mezcladas con el incienso de la perfección de Cristo, ascenderán como fragancia al Padre, y respuestas vendrán".—*6 Testimonios*, p. 465.

En el Santísimo—"En el santísimo vi un arca; de cima y de lado era de oro del más puro. En cada extremo del arca había un hermoso querubín, con sus alas extendidas sobre la misma. Sus rostros fueron dirigidos uno hacia el otro, y miraban hacia abajo. Entre los ángeles había un incensario dorado. Por encima del arca, donde los ángeles estaban, había una gloria brillante en exceso, que aparecía como un trono donde Dios moraba. Jesús estaba de pie al lado del arca, y cuando las oraciones de los santos subían en su presencia, el incienso en el incensario iba a humear, y él ofrecería sus oraciones con el humo del incienso a su Padre".—*Primeros Escritos*, p. 32.

Incienso aromático—"Ellos han voluntariamente soportado dificultad y privación, y han visto y orado por el éxito de la obra. Sus dones y sacrificios expresan la gratitud ferviente de sus corazones para él que los ha llamado para salir de la oscuridad a su luz maravillosa. Sus oraciones y sus limosnas se han hecho como memorial delante de Dios. Ningún incienso más aromático puede ascender al cielo".—*7 Testimonios*, p. 206.

Incienso purificado—"Los servicios religiosos, las oraciones, la alabanza, la confesión penitente del pecado ascienden de los verdaderos creyentes como incienso al santuario celestial; pero pasando por los canales corruptos de la humanidad, son tan contaminados que a menos purificados por sangre, nunca pueden ser de valor con Dios. Ellos no ascienden in pureza inmaculada, y a menos que el Intercesor que está a la diestra de Dios presente y purifique todo por su justicia, no es aceptable a Dios. Todo incienso de los tabernáculos terrenales tiene que quedar mojado con las gotas limpiadoras de la sangre de Cristo. El lleva delante del Padre el incensario de sus propios méritos, en los cuales no hay mancha de corrupción terrenal. El recoge en este incensario las oraciones, la alabanza, y las confesiones de su pueblo, y con estas el pone su justicia inmaculada. Entonces, perfumado con los méritos de la propiciación de Cristo, el incienso trasciende delante de Dios completamente y enteramente aceptable. Entonces las respuestas de gracia vienen de vuelta".—*6 Comentario Bíblico*, p. 1078 (MS 50, 1900).

La intercesión de Cristo y el Espíritu Santo—"Cristo, nuestro Mediador, y el Espíritu Santo interceden constantemente por el hombre, pero el Espíritu no ruega por nosotros de la misma manera de Cristo, que presenta su sangre, dada desde la fundación del mundo; el Espíritu trabaja en nuestros corazones, extrayendo oraciones y penitencia, alabanza y acciones de gracia. La gratitud que fluye desde nuestros labios es el resultado del Espíritu tocando los acordes del alma en recuerdos santos, despertando la música del corazón.

"Oh, ¡qué todos pueden ver que todo en obediencia, en penitencia, en alabanza y acciones de gracia, tiene que ser colocado sobre el fuego brillante de la justicia de Cristo! La fragancia de esta justicia asciende como nube alrededor del propiciatorio".—*1 Mensajes Selectos*, p. S04.

Incienso de los hogares cristianos—"Como los patriarcas de antaño, los que profesan amar a Dios deben levantar un altar al Señor dondequiera que lancen su tienda. Si hubiera un tiempo cuando cada casa debía ser una casa de oración, es ahora. Padres y madres deben frecuentemente levantar sus corazones a Dios en súplica humilde por si mismos y por sus hijos. Que el padre, como sacerdocio del hogar, coloque sobre el altar de Dios el sacrificio de mañana y por la tarde, mientras la esposa y los hijos se unan en oración y loor. En tal hogar a Jesús le agradará a quedar.

"Desde cada hogar cristiano una luz santa debe brillar. El amor debe revelarse en acción. Debe fluir en todas las relaciones del hogar, mostrándose en bondad bien pensada, en cortesía gentil y abnegada. Hay hogares donde se lleva a cabo este principio—hogares donde se adora a Dios y el amor más verídico reina. Desde estos hogares la oración asciende a Dios como incienso dulce de mañana y por la tarde, y sus mercedes y bendiciones descienden sobre los suplicantes como el rocío de la mañana".—*Patriarcas y Profetas*, p. 140.

Capítulo 62

Nuestras Oraciones Van a Nuestro Sumo Sacerdote en el Santuario – 2

El altar de la oración—"Una familia bien disciplinada, que ama y obedece a Dios, estará alegre y contenta. El padre, cuando vuelve de su labor diario, no traerá sus perplejidades al hogar. Sentirá que el hogar, y el círculo familiar, son demasiado sagrados para ser manchados con perplejidades infelices. Cuando salió de su casa, no dejó atrás a su Salvador y su religión. Ambos fueron sus compañeros. La dulce influencia de su hogar, la bendición de su esposa, y el amor de sus hijos, alivian sus pesares, y, él vuelve con paz en su corazón y palabras alegres y alentadoras para su esposa e hijos, quienes esperan gozosamente para darle la bienvenida. Cuando él se inclina con su familia al altar de la oración, para ofrecer su agradecimiento a Dios, por su cuidado de preservarle y sus seres amados durante el día, los ángeles de Dios se hace presente en la sala, y llevan las oraciones fervientes de los padres que temen a Dios al cielo, como incienso dulce, las cuales vienen de vuelta en bendiciones".— *2 Mensajes Selectos*, p. 504.

Mezcladas con sus méritos—"Como el sumo sacerdote derramaba la sangre cálida sobre el propiciatorio mientras la nube aromática de incienso ascendía delante de Dios, así, mientras confesamos nuestros pecados y rogamos la eficacia de la sangre expiatoria de Cristo, nuestras oraciones ascienden al cielo, fragantes con los méritos del carácter de nuestro Salvador. A pesar de nuestra indignidad, debemos acordarnos de que hay Uno que puede quitar el pecado, y que está dispuesto y ansioso para salvar al pecador. Con su propia sangre pagó la pena para todos que hacen el mal. Cada pecado reconocido delante de Dios con un corazón contrito, él sacará".—*7 Comentario Bíblico*, p. 970.

Parte del mensaje de 1888—"La eficacia de la sangre de Cristo tenía que ser presentada al pueblo con frescura y poder, para que su fe pudiera apropiar sus méritos. Como el sumo sacerdote derramaba la sangre cálida sobre el propiciatorio, mientras la nube aromática de incienso ascendía delante de Dios, así mientras confesamos nuestros pecados y rogamos la eficacia de la sangre expiatoria de Cristo, nuestras oraciones ascienden al cielo, fragantes con los méritos del carácter de nuestro Salvador. A pesar de nuestra indignidad, debemos acordarnos de que hay Uno que puede quitar el pecado, y que está dispuesto y ansioso para salvar al pecador".—*Testimonios para los Ministros*, p. 92 (Léase el capítulo entero, *Testimonios para los Ministros*, p. 91-94.)

En oración, llevarlos al santuario—"Tú eres el agente a través del cual Dios hablará al alma. Cosas preciosas van a surgir en tu memoria, y con un corazón abundando con el amor de Jesús, hablarás palabras de interés urgente e importante. Tu simplicidad y sinceridad serán la elocuencia más elevada, y tus palabras serán registradas en los libros del cielo como palabras apropiadas, que son como manzanas de oro en cuadros de plata. Dios las hará un diluvio curador de influencia celestial, despertando convicción y deseo, y Jesús va a añadir su intercesión a tus oraciones, y reclamar para el pecador el don del Espíritu Santo, y va a derramarlo sobre su alma. Y habrá gozo en la presencia de los ángeles de Dios por un pecador que se arrepiente".—*Hijos e Hijas de Dios*, p. 276.

Incienso hermoso y de colores—"Dos querubines hermosos, uno en cada lado del arca, estaban de pie con sus alas extendidas sobre ésta, y tocándose uno al otro sobre la cabeza de Jesús mientras él estaba de pie delante del propiciatorio. Sus rostros estaban vueltos uno al otro, y miraban hacia abajo en dirección del arca, representando todas las huestes angélicas observando con interés la Ley de Dios. En medio de los querubines había un incensario de oro, y mientras las oraciones de los santos, ofrecidas en fe, subían a Jesús, y él las presentaba a su Padre, una nube de fragancia emanaba del incienso, pareciendo como humo de colores más hermosos. Por encima del lugar donde Jesús estaba delante del arca, había una gloria demasiadamente brillante que yo no podía mirar; aparecía como el trono de Dios. Como incienso ascendía al Padre, la gloria excelente venía del trono a Jesús, y de él derramada sobre aquellos cuyos oraciones habían subido como incienso dulce. La luz derramaba sobre Jesús en rica abundancia y ensombrecía el propiciatorio, y el séquito de gloria llenaba el templo. Yo no podía mirar mucho el brillo sobresaliente. Ningún lenguaje puede describirlo. Estaba abrumada y giré de la majestad y gloria de la escena".—*Primeros Escritos*, p. 252.

La nube del incienso en el santuario terrenal mientras oraban—(Léase *Patriarcas y Profetas*, pp. 365, 366; *El Deseado de Todas las Gentes*, pp. 57, 528; *El Conflicto de los Siglos*, p. 19.)

"Estudiar su obra medianera"—"Al apóstol Juan en la Isla de Patmos fueron reveladas las cosas que Dios deseaba que él diera al pueblo. Estudia estas revelaciones. . . . Contempla la vida y carácter de Cristo, y estudia su obra medianera. Aquí hay sabiduría infinita, amor infinito, justicia infinita, misericordia infinita".—*6 Testimonios*, p. 66.

Cristo es el vínculo conector—"Cristo es el vinculo conector entre Dios y el hombre. El ha prometido su intercesión personal. El pone la entera virtud de su justicia en el lado del suplicante. . . . Cuando llegamos a Dios a través de la virtud de los méritos del Redentor, Cristo nos coloca cerca de su lado, rodeándonos con su brazo humano, mientras que con su gracia divina agarra el trono del Infinito. . . . El promete escuchar y contestar nuestras súplicas.

"Sí, Cristo ha llegado a ser el medio de oración entre el hombre y Dios. También ha llegado a ser el medio de bendición entre Dios y el hombre".—*8 Testimonios*, p. 190.

Jesús nuestro representante—"'Este es mi Hijo amado, en quien tengo complacencia', abraza a la humanidad. Dios habló a Jesús como nuestro representante. . . . La gloria que reposó sobre Cristo es una promesa del amor de Dios para nosotros. Nos cuenta del poder de la oración—como la voz humana puede alcanzar el oído de Dios, y nuestras peticiones encuentran aceptación en las cortes del cielo. . . . La voz que habló a Jesús dice a cada alma que cree, 'Este es mi Hijo amado, en quien tengo complacencia'".— *El Deseado de Todas las Gentes*, p. 87.

La divinidad unida con la humanidad—"El Salvador estaba profundamente ansioso por sus discípulos para comprender por qué propósito su divinidad estaba unida con la humanidad. . . . Dios se manifestaba en él para que él se manifieste en ellos. Jesús revelaba ninguna calidad, y ejercía ningún poder, que el hombre no puede tener a través de la fe en él. Su humanidad perfecta es aquella que todos sus seguidores pueden tener, si están sujetos a Dios como él era".—*El Deseado de Todas las Gentes*, p. 619.

Esencial al plan de la salvación—"La intercesión de Cristo por el hombre en el santuario encima es tan esencial al plan de la salvación como fue su muerte en la Cruz. Por su muerte él empezó la obra que después de su resurrección ascendió a completar en el cielo. . . . Jesús ha abierto el camino al trono del Padre, y a través de su mediación el deseo sincero de todos que le vienen en fe puede ser presentado delante de Dios".—*El Conflicto de los Siglos*, p. 479.

Capítulo 63

La Oración Derrota a Satanás

El precio de la seguridad—"En el conflicto con las agencias satánicas hay momentos decisivos que determinan la victoria, o del lado de Dios o del lado del príncipe de este mundo. Si los ocupados en la guerra no están bien despiertos, sinceros, vigilantes, orando por sabiduría, velando en oración, . . . Satanás llega a ser victorioso, cuando podría haber sido vencido por los ejércitos del Señor. . . .

"La vigilancia espiritual por nuestra parte individualmente es el precio de la seguridad. No te desvíes al lado de Satanás ni una pulgada, no sea que el gane la ventaja sobre ti".—*6 Comentario Bíblico*, p. 1094 (Carta 47, 1893).

"La oración trae a Jesús para nuestro lado, y da al alma desmayada y perpleja nuevo poder para vencer el mundo, la carne, y el diablo. La oración desvía los ataques de Satanás".—*Palabras de Vida del Gran Maestro*, p. 195.

La guerra contra Satanás a lo largo de la vida—"Tenemos delante de nosotros una guerra—un conflicto a lo largo de la vida con Satanás y sus tentaciones seductoras. El enemigo usará todo argumento, todo engaño, para enredar el alma; y para ganar la corona de la vida, tenemos que emplear esfuerzo sincero y perseverante".—*Mensajes para los Jóvenes*, p. 102.

"Tenemos que vestirnos con toda la armadura de Dios y estar listos en cualquier momento por un conflicto con los poderes de la oscuridad. Cuando tentaciones y pruebas se precipitan sobre nosotros, vamos a ir a Dios y agonizar con él en la oración. No nos hará salir vacíos, pero nos dará gracia y poder para vencer, y para quebrar el poder del enemigo".—*Primeros Escritos*, p. 46.

¿Cómo si dejamos de orar, o oramos sólo ocasionalmente?—"Descuidar el ejercicio de de la oración, o usar la oración espasmódicamente, ahora sí o ahora no, como parece conveniente, y tú pierdes la mano de Dios. Las facultades espirituales pierden su vitalidad, la experiencia religiosa falta de tener salud y vigor".—*Obreros Evangélicos*, p. 268.

¡Cuidado!—"¡Cuidado cómo descuidan la oración secreta y el estudio de la Palabra de Dios! Estas son tus armas contra él que lucha para interrumpir su progreso hacia el cielo. El primer descuido de la oración y el estudio bíblico hace más fácil el segundo descuido".— *Mensajes para los Jóvenes*, p. 67.

La insinuación de Satanás—"La oración de fe es el gran poder del cristiano y seguramente va a prevalecer contra Satanás. Esto es porque él insinúa que no tengamos necesidad de oración. El nombre de Jesús, nuestro Abogado, el odia; y cuando sinceramente le venimos a él por ayuda, las huestes de Satanás quedan alarmadas. Bien sirve su propósito si dejamos el ejercicio de la oración, porque entonces sus maravillas mentirosas son recibidas más fácilmente".—*1 Testimonios*, p. 267.

"Una apelación al cielo por el santo más humilde es más para ser temido por Satanás que los decretos de gabinetes o los mandatos de reyes.—*2 Comentario Bíblico*, p. 1008 (ST 27.10.1881).

Capítulo 64

Es la Hora de Orar

¡***Qué maravilla!***—"Si el Salvador del hombre, el Hijo de Dios, sentía la necesidad de oración, cuanto más debemos mortales débiles y pecaminosos sentir la necesidad de oración ferviente y constante.

"Nuestro Padre celestial espera para otorgarnos la plenitud de su bendición. Es nuestro privilegio beber libremente de la fuente de amor sin fin. ¡Qué maravilla que oramos tan poco! Dios está listo y dispuesto a escuchar la oración sincera del más humilde de sus hijos, pero todavía hay mucha reluctancia manifiesta de nuestra parte para hacer conocidas a Dios nuestras necesidades— *El Camino a Cristo*, p. 94.

No oramos ni siquiera la mitad—"Mira para Jesús en sencillez y fe. Mira con fijeza a Jesús hasta que el espíritu desmaya bajo el exceso de luz. No oramos ni siquiera la mitad. No creemos ni siquiera la mitad. 'Pedid, y se os dará'. Lucas 11:9. Ora, cree, fortalezcamos uno a otro. Ora como nunca antes oraba que el Señor coloque su mano sobre ti, para que puedas comprender la longitud y la anchura y la profundidad y la altura, y conocer el amor de Cristo, que pasa conocimiento como para que seas llenado con toda la plenitud de Dios".—*7 Testimonios*, p. 204.

Orar como lo hacían los apóstoles—"Si tenemos que aprender de Cristo, tenemos que orar como oraban los apóstoles cuando el Espíritu Santo fue derramado sobre ellos. Necesitamos un bautismo del Espíritu de Dios. No estamos seguros por ni una hora mientras estamos faltando de rendir obediencia a la Palabra de Dios".—*Fundamentals of Christian Education*, p. 537.

Ángeles asombrados—"¿Qué pueden los ángeles del cielo pensar de seres humanos pobres e impotentes, que son sujetos a la tentación, cuando el corazón de Dios de amor infinito anhela hacia ellos, listo para darles más que pueden pedir o pensar, y todavía oran tan poco y tienen tan poca fe? A los ángeles les agradan inclinarse delante de Dios; aman de estar cerca de él. Estiman la comunión con Dios como su gozo más elevado; y todavía los hijos de la tierra, que tanto precisan la ayuda que sólo Dios puede dar, parecen satisfechos a andar sin la luz de su Espíritu, el compañerismo de su presencia".—*El Camino a Cristo*, p. 94.

La obscuridad encierra—"La obscuridad del maligno encierra a aquellos que dejan de orar. Las tentaciones susurradas por el enemigo los incita a pecar; y es porque no hacen uso de los privilegios que Dios les ha dado en el encuentro divino de la oración. ¿Por qué estarían los hijos e hijas de Dios renuentes a orar, cuando la oración es la llave en la mano de fe para abrir los almacenes del cielo, donde están guardados los recursos sin fin de la omnipotencia? Sin la oración incesante y la vigilia diligente estamos en peligro de llegar a ser descuidados y de desviarnos de la senda correcta. El adversario procura continuamente a obstruir la vía para el propiciatorio, para que no obtengamos, mediante súplicas sinceras y fe, gracia y poder para resistir la tentación".—*El Camino a Cristo*, p. 94.

Orar y trabajar—"Tienes un sentido profundo y duradero de las cosas externas y de aquel amor por la humanidad que Cristo ha mostrado en su vida. Una conexión muy de cerca con el cielo te dará el tono correcto a tu fidelidad y será la base de tu éxito. Tu sentido de dependencia va a dirigirte a la oración y tu sentido del deber va a convocarte al esfuerzo. La oración y el esfuerzo, el esfuerzo y la oración, serán la ocupación de tu vida. Tienes que orar como que la eficiencia y la alabanza fueran todas debidas a Dios, y trabajar como que el deber fuera todo tuyo. Si quieres poder, lo puedes tener, porque él espera que tú lo cobres. Solamente creer en Dios, tomarle la palabra, actuar por la fe, y las bendiciones vendrán".—*Consejos Sobre la Salud*, p. 364.

Como si este día fuera tu último—"Hoy tenemos que alabar y honrar a Dios. Mediante el ejercicio de la fe viva, hoy tenemos que conquistar al enemigo. Hoy tenemos que buscar a Dios y determinar que no vamos a quedar satisfechos sin su presencia. Tenemos que vigilar y trabajar y orar como si este día fuera el último que nos sería dado. ¡Entonces, cuán intensa sería nuestra vida! ¡Cuán de cerca seguiríamos a Jesús en todas nuestras palabras y hechos!"—*5 Testimonios*, p. T86.

Como no has nunca orado antes—"Existe gran necesidad de auto-examen muy de cerca en la luz de la Palabra de Dios; que cada uno levante la investigación: '¿Soy yo de buena salud espiritual, o podrido de corazón? ¿Soy yo renovado en Cristo, o todavía encarnado de corazón, con nuevo vestido por fuera?' Toma cuenta de ti mismo delante del gran tribunal, y en la luz de Dios examínate, para ver si haya algún pecado secreto que estás guardando, cualquier ídolo que no has sacrificado. Ora, sí, ora como nunca has orado antes, para que no seas engañado por los artificios de Satanás, que no te entregues a un espíritu desatento, descuidado, vano, atendiendo a los deberes religiosos para aquietar tu propia conciencia".—*2 Testimonios*, p. 131.

Antes de hablar—"Cuando estás por hablar apasionadamente, cierra la boca. No digas ni una palabra. Ora antes de hablar, y los ángeles celestiales vendrán a tu socorro y ahuyentarán a los ángeles malignos, quienes te llevarían a deshonrar a Dios, reprochar su causa, y debilitar tu propia alma".—*2 Testimonios*, p. 75.

Implorar el sacrificio expiatorio—"Los que miran para dentro por consuelo llegarán a ser cansados y decepcionados. Un sentido de nuestra debilidad e indignidad debe llevarnos con humildad de corazón a implorar el sacrificio expiatorio de Cristo. Al depender de tus méritos encontraremos descanso y paz y gozo. El salva a lo último a todos que llegan a Dios por él.

"Tenemos que confiar en Jesús diariamente, a cada hora. El ha prometido que como nuestro día, nuestra fuerza será. Por su gracia podemos soportar todos los problemas actuales y cumplir sus deberes. Pero muchos están agobiados por la anticipación de problemas futuros. Constantemente quieren tratar de anticipar hoy los pesares de mañana. Por eso gran parte de sus pesares son imaginarios. Por estos, Jesús no ha hecho provisión. El promete gracia solamente por el día de hoy. El nos pide que no agobiemos a nosotros mismos con los cuidados y problemas de mañana; porque 'Basta a cada día su propio mal'".—*5 Testimonios*, 186.

Orar en fe—que trabaja—"Orad en fe. Y tengáis la seguridad que llevéis vuestras vidas en armonía con vuestras peticiones, para que recibáis las bendiciones por las cuales oráis. No permitáis que vuestra fe se debilite, porque las bendiciones recibidas son proporcionales a la fe ejercida. 'Conforme a vuestra fe os sea hecho'. 'Y todo lo que pidiereis en oración, creyendo, lo recibiréis'. Mateo 9:29; 21:22. Orad, creed, regocijad. Cantad loores a Dios porque él ha contestado vuestras oraciones. Tomadle a su palabra. 'Fiel es el que prometió'. Hebreos 10:23.

Ni siquiera una súplica sincera es perdida. El canal está abierto; la corriente fluye. Lleva consigo sus propiedades salvadoras, derramando una corriente saludable de vida y salud y salvación".—*7 Testimonios*, p. 260.

Orar por lealtad a su ley—"Que ninguno se entregue a la tentación y llegar a ser menos ferviente en su relación a la ley de Dios por causa del desprecio colocado sobre el mismo; porque esto es la misma cosa que debe causarnos a orar con todo nuestro corazón y alma y voz. 'Tiempo es de actuar, oh Jehová, porque han invalidado tu ley' [Salmo 119:126]. Entonces, debido al desprecio universal, no me tornaré traidor cuando Dios será más glorificado y más honrado por mi lealtad.

"Cuando la ley de Dios es más ridiculizada y llevada para el máximo desprecio, entonces es hora que cada seguidor de Cristo verídico, cuyos corazones están dados a Dios, y quienes son fijados en obedecer a Dios, se pongan de pie sin vacilar por la fe una vez entregada a los santos. 'Entonces os volveréis, y discerniréis la diferencia entre el justo y el malo, entre él que sirve a Dios y él que no le sirve' [Malaquías 3:18]. Es la hora de batallar cuando campeones más se necesitan".—*7 Comentario Bíblico*, p. 981.

Orar cuando pusilánime—"En tu negocio, en compañerismo durante horas libres, y en las alianzas de la vida, que todas las asociaciones que formas comiencen con oración sincera y humilde. Así mostrarás entonces que honras a Dios, y Dios te honrará a ti. Ora cuando estás pusilánime. Cuando estás triste, cierra firmemente los labios a los hombres; no sombrees la senda de los otros; sino cuenta todo a Jesús. Levanta las manos por ayuda. En tu debilidad aprovecha del poder infinito. Pide por la humildad, la sabiduría, el coraje, el aumento de fe, para que veas luz en la luz de Dios y regocijas en su amor".—*El Ministerio de la Curación*, p. 410.

Es más fácil hablar—"Es más fácil para mucha gente hablar que orar; a tales le faltan la espiritualidad y la santidad, y su influencia perjudica la causa de Dios".—*1 Testimonios*, p. 461.

Pero hacer más que orar—"Dios no quiere decir que cualquiera de nosotros debe llegar a ser ermitaños o monjes y retirarnos del mundo para dedicarnos a actos de adoración. La vida tiene que ser como la de Cristo—entre la montaña y la multitud. El que no hace nada sino orar luego cesará de orar, o sus oraciones llegarán a ser una rutina formal. Cuando personas se retiran de la vida social, fuera del esfera del deber cristiano y llevando la Cruz; cuando desisten de trabajar sinceramente por el Maestro, quien trabajaba sinceramente por ellos, pierden la materia de la oración y no tienen incentivo a la devoción. Sus oraciones llegarán a ser personales y egoístas. No pueden orar por las necesidades de la humanidad ni por el crecimiento del reino de Cristo, suplicando por poder por el cual trabajar".—*El Camino a Cristo*, p. 101.

Capítulo 65

Orando por Nuestros Hijos

Una obra solemne—"Dios ve todas las posibilidades en esta mota de humanidad. El nota que con la formación apropiada el niño llegará a ser un poder para el bien en el mundo. El observa con interés ansioso para ver si los padres van a llevar a cabo su plan o si por bondad errada van a destruir su propósito, complaciendo al niño a su ruina presente y eterna. Para transformar este ser indefenso y aparentemente insignificante en una bendición al mundo y un honor a Dios es una obra muy grande. Los padres no deben permitir que nada se interponga entre ellos y la obligación que deben a sus hijos".—*El Hogar Cristiano*, p. 239.

Orar y enseñar—"En cada hogar cristiano Dios debiera ser honrado por los sacrificios de la mañana y por la tarde de oración y alabanza. Los hijos deben ser enseñados a respetar y reverenciar la hora de la oración. Es el deber de los padres cristianos, de mañana y por la tarde, mediante oración sincera y fe perseverante, hacer una cerca alrededor de sus hijos.

"En la iglesia hogareña los hijos deben aprender a orar y a confiar en Dios. Enseñadles a repetir la ley de Dios. Sobre los mandamientos los Israelitas fueron instruidos: 'y las repetirás a tus hijos, y hablarás de ellas estando en tu casa, y andando por el camino, y al acostarte, y cuando te levantes'. Deuteronomio 6:7. Venid en humildad, con un corazón lleno de ternura, y con un sentido de las tentaciones y peligros delante de vosotros y de vuestros hijos; por la fe enlazadles al altar, suplicando por ellos el cuidado del Señor. Formad a los niños a ofrecer sus palabras sencillas de oración. Contadles que Dios se deleita cuando ellos le llaman.

"¿Será que el Señor del cielo va a pasar por alto tales hogares y dejar allí ninguna bendición? No, en absoluto. Ángeles siervos guardarán a los niños que así están dedicados a Dios. Ellos escuchan la ofrenda de alabanza y la oración de fe, y llevan los pedidos de él que ministra en el santuario por su pueblo y ofrece sus méritos en su nombre".—*Consejos para Maestros*, p. 106.

El escucha y ayudará—"No podéis crear a sus niños como debe sin la ayuda divina; porque la naturaleza caída de Adán siempre lucha por la maestría. El corazón tiene que estar preparado por los principios de la verdad, para que echen raíces en el alma y encuentren nutrición en la vida.

"Los padres pueden comprender que al seguir las direcciones de Dios en la formación de sus hijos, van a recibir ayuda de lo alto. Reciben mucho beneficio; porque mientras enseñan, también aprenden. Sus niños van a lograr victorias a través del conocimiento que hayan adquirido en mantener el camino del Señor. Están habilitados a vencer sobre las tendencias naturales y hereditarias al mal.

"Padres, ¿estáis trabajando con energía incansable a favor de vuestros hijos? El Dios del cielo marca vuestra solicitud, vuestra obra sincera, vuestra vigilia constante. El escucha vuestras oraciones. Con paciencia y ternura, formad vuestros hijos para el Señor. Todo el cielo se interesa en vuestro trabajo. . . . Dios se unirá con vosotros, coronando vuestros esfuerzos con éxito.

"Al tratar de hacer claras las verdades de la salvación, e indicar a los hijos a Cristo como Salvador personal, los ángeles estarán a vuestro lado. El Señor dará a padres y madres gracia para interesar a sus pequeños en la preciosa historia del Niño de Belén, quien es de hecho la esperanza del mundo".—*El Hogar Cristiano*, p. 184.

Consecuencias eternas son involucradas—"Vosotros habéis traído hijos al mundo quienes no tenían voz en lo que respecta a su existencia. Os habéis hecho responsables en gran medida para su felicidad futura, su bienestar eterno. La carga está sobre vosotros, si lo percibáis o no, a formar a estos hijos para Dios para vigilar con cuidado celoso el primer acercamiento del astuto enemigo y estar preparados para levantar un estandarte contra él. Construid una fortificación de oración y fe alrededor de vuestros hijos, y ejerced vigilancia diligente hacia esto. No estáis seguros un momento contra los ataques de Satanás. No tenéis tiempo para descansar de labor vigilante y sincero. No debéis dormir ni un momento en su puesto. Esta es una guerra sumamente importante. Consecuencias eternas son involucradas. Es vida o muerte con vosotros y vuestra familia. Vuestra única seguridad es de quebrantar vuestros corazones delante de Dios y buscar el reino del cielo como niños pequeños".—*2 Testimonios*, p. 355.

Cooperando con Dios—"Sin esfuerzo humano, el esfuerzo divino es en vano. Dios trabajará con poder cuando en dependencia confiable en él padres despertarán a la responsabilidad sagrada descansando sobre ellos y procurarán a enseñar a sus hijos debidamente. El va a cooperar con los padres que con cuidado y oración educan a sus hijos, ocupándose en su propia salvación y la de sus hijos. El producirá en ellos el querer como el hacer, por su buena voluntad".—*El Hogar Cristiano*, p. 185.

Orar constantemente—"Con paciencia y amor, como fieles mayordomos de la gracia manifiesta de Cristo, los padres tienen que cumplir su trabajo designado. Se espera de ellos que se encuentren fieles. Todo tiene que ser hecho en fe. Tienen que orar constantemente que Dios imparta su gracia a sus hijos. Nunca deben ellos llegar a ser cansados, impacientes, o mal ajustados en su trabajo. Deben aferrarse a sus hijos a Dios. Si los padres trabajan en paciencia y amor, sinceramente tratando de ayudar a sus hijos a alcanzar la norma más elevada de pureza y modestia, va a tener éxito".—*El Hogar Cristiano*, p. 186.

"Con gozo inexpresable, los padres ven la corona, la vestidura, el arpa, dados a sus hijos. . . . Puede ser que la semilla sembrada con lágrimas y oraciones fuera sembrada en vano, pero en fin la cosecha es segada con gozo. Sus hijos fueron redimidos".—*La Conducción del Niño*, p. 539.

Un llamado a la oración—"Si hubiera algún momento cuando cada hogar debe ser un hogar de oración, es ahora"—*7 Testimonios*, p. 44.

"Mediante oración sincera y seria, los padres deben hacer un cerco alrededor de sus hijos. Deben orar con plena fe que Dios more con ellos, y que los santos ángeles los cuiden a ellos y a sus hijos del cruel poder de Satanás".—*7 Testimonios*, p. 44.

"Que los padres buscan a Dios por dirección en su trabajo. Sobre sus rodillas delante de él, van a ganar un conocimiento verdadero de sus grandes responsabilidades y allá pueden entregar a sus hijos a Uno que nunca yerra en consejo e instrucción".—*El Hogar Cristiano*, p. 290.

Capítulo 66

La Oración de la Madre

Moviendo el brazo—"Los que guardan la ley de Dios observan a sus hijos con sentimientos indefinibles de esperanza y temor, preguntándose qué papel van a jugar en el gran conflicto que les está por delante. La madre ansiosa pregunta, '¿Qué posición tomarán? ¿Qué puedo hacer yo para prepararles a jugar bien su papel, para que sean recipientes de la gloria eterna?' Grandes responsabilidades reposan sobre vosotros, madres. Aunque no tengáis parte en concilios nacionales, . . . podéis hacer una gran obra para Dios y la patria. Pueden formar a sus hijos. Podéis ayudarles a desenvolver caracteres que no sean inducidos o influenciados para hacer el mal, pero que inducían o influencien a otros para hacer el bien. Por vuestras fervientes oraciones de fe puedes mover el brazo que mueve el mundo".— *El Hogar Cristiano*, p. 239.

Estar mucho en oración secreta—"Si madres se dieran cuenta de la importancia de su misión, estarían mucho en oración secreta, presentando a sus hijos a Jesús, implorando su bendición sobre ellos, y suplicando por sabiduría para llevar a cabo correctamente sus deberes sagrados. Que la madre mejore cada oportunidad para moldear y formar la disposición y hábitos de sus hijos. Que ella vigile cuidadosamente el desarrollo de carácter, reprimiendo los rasgos que son demasiado prominentes, promoviendo los que son deficientes. Que ella haga de su propia vida un ejemplo puro y noble a su preciosa carga.

"La madre debe entrar en su trabajo con coraje y energía, dependiendo constantemente en la ayuda divina en todos sus esfuerzos. Nunca debe ella descansar satisfecha hasta que vea en sus hijos una elevación gradual de carácter, hasta que éstos tengan un objeto más elevado en la vida que meramente la procura de su propio placer".—*El Hogar Cristiano*, p. 240.

Cuando tentada a estar irritable—"Pero frecuentemente la paciencia de la madre está probada con estos numerosos problemas pequeños que parecen que casi no valgan la atención. Manos dañosas y pies inquietos crean una gran cantidad de labor y perplejidad para la madre. Ella tiene que tomar bien las riendas del autocontrol, o palabras impacientes van a deslizarse de la lengua. Casi se olvida de si misma vez tras vez, pero una oración silenciosa a su simpático Redentor calma sus nervios, y ella está capacitada a tomar las riendas del autocontrol con dignidad quieta. Ella habla con voz calma, pero le ha costado un esfuerzo para refrenar palabras ásperas y sojuzgar sentimientos enojados que, si expresados, iban a destruir su influencia, que había llevado tiempo para retomar".—*El Hogar Cristiano*, p. 217.

El cielo está abierto para las oraciones de cada madre—"Cuando Cristo se inclinó sobre las márgenes del Jordán después de su bautismo y ofreció oración a favor de la humanidad, los cielos se abrieron, y el Espíritu de Dios, como paloma de oro bruñido, circundó la forma del Salvador; y una voz vino del cielo que dijo, 'Este es mi Hijo amado, en quien tengo complacencia'. ¿Qué significado tiene esto para ti? Dice que el cielo se abre a tus oraciones. Dice que estás aceptada en el Amado. Los portales están abiertos para cada madre que dejaría su pesar a los pies del Salvador. Dice que Cristo ha circundado la raza con su brazo humano, y con su brazo divino ha tomado el trono del Infinito y ha unido el hombre con Dios, y la tierra con el cielo".—*La Conducción del Niño*, p. 497.

Un privilegio precioso—"Esta es una lección que da coraje a las madres de todo tiempo. Después de hacer lo mejor que pueden para el bien de sus hijos, pueden llevarlos a Jesús. Aún los niñitos en los brazos de la madre son preciosos delante de él. Y como el corazón de la madre anhela por la ayuda que sabe que no puede dar, la gracia que tampoco puede dar, y se lanza a sí misma y a los niños a los brazos misericordiosos de Cristo, él nos recibirá y bendecirá; él dará paz, esperanza, y felicidad a madre e hijos. Este es un privilegio precioso que Jesús ha concedido a todas las madres".—*El Hogar Cristiano*, p. 249.

Las oraciones de madres cristianas darán fruto—"Las oraciones de las madres cristianas no son ignoradas por el Padre de todos. . . . El no rechazará tus peticiones y dejarte y los tuyos a las aflicciones de Satanás en el gran día del conflicto final. Te toca a ti trabajar con sencillez y fidelidad, y Dios va a establecer la obra de tus manos".— *La Conducción del Niño*, p. 497.

"La obra de la vida cumplida en la tierra es reconocida en las cortes celestiales como una obra bien hecha".— *La Conducción del Niño*, p. 539.

La influencia dura por siempre—"La influencia de una madre que ora y teme a Dios durará por la eternidad. Ella puede morir, pero su trabajo va a durar".—*4 Testimonios*, p. 491.

Capítulo 67

Cuidado con lo Falsificado

Por cada bendición Satanás tiene una falsificación—"Siempre que y dondequiera que el Señor trabaja en dar una bendición genuina, también es revelada una falsificación, con el fin de hacer de ningún efecto el verdadero trabajo de Dios".—*1 Mensajes Selectos*, p. 164.

La experiencia de aquellos que rechazaron la luz dada en 1844—"Yo vi que ellos miraban arriba hacia el trono, y oraban, 'Padre, danos tu Espíritu'. Entonces Satanás soplaría sobre ellos una influencia inmunda; en ella había luz y mucho poder, pero nada de dulce amor, gozo, y paz. El objeto de Satanás era de mantenerlos engañados y de ir para atrás y engañar a los hijos de Dios".—*Primeros Escritos*, p. 56.

En la hora de gran reavivamiento Satanás va a introducir una falsificación—"Antes de la llegada final de los juicios de Dios sobre la tierra habrá entre el pueblo del Señor tal reavivamiento de santidad primitiva como no ha sido testificado desde los tiempos apostólicos. El Espíritu y poder de Dios será derramados sobre sus hijos. . . . El enemigo de almas desea bloquear este trabajo; y antes de la hora que venga tal movimiento, él tentará de prevenirlo por introducir una falsificación. En aquellas iglesias que él puede poner bajo su poder de decepción, va a causar a aparecer que la bendición especial de Dios está siendo derramada; sería manifiesto lo que se piensa ser gran interés religioso. Multitudes van a exultar que Dios está trabajando maravillosamente para ellos, cuando en realidad el trabajo es de otro espíritu. Bajo un aspecto religioso, Satanás tratará de extender su influencia sobre el mundo cristiano".—*El Conflicto de los Siglos*, p. 458.

Satanás provee una experiencia a los que lloran mientras no están dispuestos a obedecer a Dios—"En vista de los más positivos mandamientos de Dios, hombres y mujeres seguirán sus propias inclinaciones y entonces atreverse a orar sobre el asunto, a prevalecer con Dios para consentirse a permitirlos ir contrario a su voluntad expresada. No se complace el Señor con tales oraciones. Satanás viene al lado de esas personas, como hizo a Eva en el Edén, y los impresiona, y ellos tienen un ejercicio de la mente, y esto cuentan como una experiencia más maravillosa que el Señor les ha dado. Una experiencia verdadera estará en perfecta armonía con la ley natural y divina".—*3 Testimonios*, p. 83.

Nuestra necesidad—"Cada fase de fanatismo y teorías erróneas reclamando de ser la verdad, entrará entre el pueblo remanente de Dios".—*2 Mensajes Selectos*, p. 14.

"Debemos tener nuestro discernimiento afilado por iluminación divina, para que sepamos el espíritu que es de Dios. . . . A menos que estamos constantemente alerta, estaremos vencidos por el enemigo".—*2 Mensajes Selectos*, p. 14.

"Si nos fortalecemos en la fe, estaremos seguros bajo la vigilancia del Poderoso".—*5 Testimonios*, p. 277.

Capítulo 68

Fe la Llave a la Oración Respondida

Fe y oración—"He visto frecuentemente que los hijos del Señor se descuidan de la oración, especialmente la oración secreta, demasiadamente; que muchos no ejercen aquella fe la cual es su privilegio y deber de ejercer, a menudo esperando por aquella sensación que sólo la fe puede traer. Sensación no es fe; las dos son distintas. Fe es nuestra para ejercer, pero sensación gozosa y la bendición corresponden a Dios. La gracia de Dios viene al alma a través del canal de la fe viva, y esta fe está en nuestro poder para ejercer".—*Primeros Escritos*, p. 72.

Nuestra parte: orar y creer—"Nuestra parte es de orar y creer. Velad en oración. Velad, y cooperad con el Dios que escucha la oración. Llevad en mente que 'nosotros somos colaboradores de Dios'. 1 Corintios 3:9. Hablad y actuad en armonía con vuestras oraciones. Esto hará una diferencia infinita con vosotros sea que las tentaciones comprueben que vuestra fe es genuina, o muestren que vuestras oraciones son meramente una forma.

"Cuando surgen perplejidades, y dificultades os confrontan, no miréis por ayuda a la humanidad. Confiad todo con Dios. La práctica de contar a otros nuestras dificultades sólo nos hace débiles, y tampoco les fortalece a ellos. Está sobre ellos el peso de nuestras debilidades espirituales, que ellos no pueden aliviar. Buscamos el poder del hombre errante y finito, cuando podríamos tener el poder del Dios infinito y sin error.

"No es necesario ir a los fines de la tierra por sabiduría, porque Dios está cerca. No son las capacidades que ahora tenéis o alguna vez tendréis que os dará éxito. Es lo que el Señor os puede hacer. Debemos tener mucho menos confianza en lo que el hombre puede hacer y mucho más confianza en lo que Dios puede hacer por cada alma creyente. El anhela tener que lo busquéis por la fe. El anhela que esperéis grandes cosas de él. El anhela darnos comprensión en asuntos temporales bien como en los espirituales. El puede afilar el intelecto. El puede dar tacto y habilidad. Poned vuestros talentos en la obra, pedid a Dios por sabiduría, y os será dada".— *Palabras de Vida del Gran Maestro*, p. 112.

Lo que ningún poder de la tierra puede hacer—"Nosotros también debemos tener horas marcadas para meditación y oración y por recibir refresco espiritual. No damos valor al poder y eficacia de la oración como debemos. La oración y la fe harán lo que ningún poder en la tierra puede lograr. Estamos pocas veces, en todos aspectos, ubicados en la misma posición dos veces. Continuamente tenemos nuevas escenas y nuevas pruebas a soportar, donde experiencias en el pasado no pueden ser un guía suficiente. Precisamos la luz continua que procede de Dios".—*El Ministerio de la Curación*, p. 407.

Hacer cosas maravillosas—"Temo que no existe aquella fe que es esencial. ¿No debemos prepararnos contra decepciones y tentaciones que nos desaniman? Dios es misericordioso, y con la verdad regocijando, purificando, ennobleciendo la vida, podemos hacer una obra segura y sólida para Dios. La oración y la fe harán cosas maravillosas. La Palabra tiene que ser nuestra arma en la guerra. Milagros pueden ser hechos a través de la Palabra, porque ella es provechosa para todas las cosas".—*Evangelismo*, p. 357.

La mano espiritual—"Fe es la mano espiritual que toca la infinidad".—*6 Testimonios*, p. 465.

Dos brazos—"La verdadera fe y la oración verdadera, ¡cuán fuertes que son! Son como dos brazos por los cuales del suplicante humano recibe el poder del Amor Infinito".—*Obreros Evangélicos*, p. 273.

No nuestro Salvador—"A través de la fe recibimos la gracia de Dios; pero fe no es nuestro Salvador. Ella gana nada. Es la mano por la cual afirmamos a Cristo, y apropiamos sus méritos, el remedio por el pecado".—*El Deseado de Todas las Gentes*, p. 147.

Dios se extiende por nuestra mano—"Dios se extiende por la mano de fe en nosotros para dirigirnos a tomar seguramente la divinidad de Cristo, para que logremos la perfección de carácter".—*El Deseado de Todas las Gentes*, p. 98.

La fe ve a Jesús como nuestro Mediador—"La fe ve a Jesús de pie como nuestro Mediador a la diestra de Dios".—*Obreros Evangélicos*, p. 273.

"Hoy él está de pie al altar de la misericordia, presentando delante de Dios las oraciones de los que desean su ayuda".—*El Ministerio de la Curación*, p. 59.

"Mientras que las sinceras , humildes oraciones del pecador ascienden al trono de Dios, Cristo los combina con los méritos de su propia vida de obediencia perfecta. Nuestras oraciones son hechas fragantes por este incienso. Cristo se ha fiado a si mismo para interceder en nuestro labor, y el Padre siempre escucha al Hijo".—*Hijos e Hijas de Dios*, p. 24.

La oración de fe definida—"La oración que proviene de un corazón sincero, cuando las necesidades sencillas del alma son expresadas así como pediríamos a un amigo terrenal por un favor, esperando que sería dada—esto es la oración de fe".—*My Life Today*, p. 19.

La base de la fe genuina—"La fe genuina tiene su base en las promesas y provisiones de las Escrituras".—*Obreros Evangélicos*, p. 274.

"No debemos confiar en nuestra fe, sino en las promesas de Dios".—*Mensajes para los Jóvenes*, p. 77.

Trae las bendiciones más ricas—"No gozamos la plenitud de la bendición que el Señor ha preparado para nosotros, porque no pedimos en fe. Si fuéramos a ejercer fe en la palabra del Dios viviente, tendríamos las bendiciones más ricas. Deshonramos a Dios por nuestra falta de fe; por lo tanto no podemos impartir vida a otros mediante un testimonio vivo y animador. No podemos dar lo que no tenemos".—*6 Testimonios*, p. 69.

Para los desanimados—"Para los que están desanimados existe un solo remedio—fe, oración, y trabajo".—*6 Testimonios*, p. 437.

No debe soltar—"Tu fe no debe soltar las promesas de Dios, si no ves o sientes la respuesta inmediata a tus oraciones. No tengas miedo de confiar en Dios. Confía en tu promesa segura: 'Pedid y recibiréis'. Dios es demasiado sabio para errar, y demasiado bueno para restringir cualquier cosa buena de sus santos que andan en rectitud".—*1 Testimonios*, p. 116.

Ser fortalecida por la oración—"En vez de fortalecer su fe por la oración y meditación sobre las palabras de Cristo, ellos habían concentrado en su desánimo y quejas personales. En este estado de obscuridad tentaban manejar el conflicto con Satanás.

"Para tener éxito en tal conflicto tienen que llegar a la obra con un espíritu diferente. Su fe tiene que ser fortalecida por oración ferviente y ayuno, y la humillación del corazón. Tienen que quitarse del yo, y llenarse con el Espíritu y poder de Dios. La súplica sincera y perseverante a Dios en fe— una fe que lleve a la dependencia entera de Dios, y consideración sin reserva a su obra—sólo puede tener éxito para llevar a los hombres la ayuda del Espíritu Santo en la batalla contra principados y poderes, gobernantes de la obscuridad de este mundo, y espíritus malignos en lugares altos".—*El Deseado de Todas las Gentes*, p. 397.

La victoria cada día—"El pueblo de Dios tiene que moverse inteligentemente. No deben quedar satisfechos hasta que cada pecado conocido esté confesado; entonces es su privilegio y deber creer que Jesús los acepta. No deben esperar que otros pasen por la oscuridad y obtengan la victoria para su gozo. Tal gozo durará solamente hasta que la reunión se encierre. Pero Dios tiene que ser servido de principio en vez de sentimiento. De mañana y de noche obtened la victoria para vosotros mismos en vuestra familia. No permitáis que vuestro labor diario os impida de esto. Tomad tiempo para orar, y al orar, creed que Dios os escucha. Tened fe mezclada con vuestras oraciones. Puede ser que no siempre sentís la respuesta inmediata; pero es entonces que la fe es probada. Estáis probados para ver si vais a confiar en Dios, si tenéis una fe viva y permanente. 'Fiel es él que os llama, el cual también lo hará' [1 Tesalonicenses 5:24]. Andad por la estrecha vía de la fe. Confiad en todas las promesas del Señor. Confiad en Dios en la oscuridad. Esta es la hora para tener fe. Pero vosotros a menudo permitís que el sentimiento os dirija. Buscáis por valor en de vosotros mismos cuando no sentís consolados por el Espíritu de Dios, y os desesperáis porque no lo encontráis. No confiáis suficientemente en Jesús, el precioso Jesús. No hacéis que su dignidad sea todo, todo. Lo mejor que podéis hacer no va a merecer el favor de Dios. Es la dignidad de Jesús que os salvará, su sangre que os limpiará. Pero tenéis esfuerzos para hacer. Tenéis que hacer lo que podéis hacer por vuestra parte. Sed celosos y arrepentid, entonces creed.

"No confundáis fe y sentimiento juntos. Son distintos. Fe es nuestra para ejercer. Esta fe tenemos que mantener en ejercicio. Creed, creed. Que vuestra fe tome posesión de la bendición, y entonces es vuestra. Vuestros sentimientos no tienen nada que ver con esta fe. Cuando la fe trae la bendición a vuestro corazón, y regocijáis en la bendición, no es más fe, sino sentimiento".—*1 Testimonios*, p. 156.

¡Mira, O mira!—"Uno que sabe ha dicho, 'El Padre mismo os ama'. [Juan 16:27]. Uno que ha tenido un conocimiento por experiencia de la largura, y la amplitud, y la altura, y la profundidad de este amor, nos ha declarado este hecho asombroso. Este amor es nuestro a través de la fe en el Hijo de Dios; por lo tanto una conexión con Cristo nos significa todo. Tenemos que ser uno con él, bien como él es uno con el Padre, y entonces somos amados por el Dios infinito como miembros del cuerpo de Cristo, como ramos de la Vid viviente. Tenemos que quedar conectados con el tronco pariente, y recibir nutrición de la Vid. Cristo es nuestra cabeza glorificada, y del amor divino que fluye del corazón de Dios, reposa en Cristo, y es comunicado a los que están unidos con él. Este amor divino entrando en el alma la inspira con gratitud, la libra de su debilidad espiritual, del orgullo, de la vanidad, del egoísmo, y de todo que deformaría el carácter cristiano. . . .

"Cuando buscamos por lenguaje apropiado con que describir el amor de Dios, encontramos palabras demasiado mansas, demasiado débiles, muy por debajo del tema, y dejamos nuestras plumas y decimos, 'No, no se puede describir'. Solamente podemos hacer como hizo el discípulo amado, y decir, 'Mirad cuál amor nos ha dado el Padre, para que seamos llamados hijos de Dios' [1 Juan 3:1]. En tentando cualquier descripción de este amor, nos sentimos como infantes, balbuceando sus primeras palabras. En silencio podemos adorar; porque silencio en este asunto es mera elocuencia. Este amor ultrapasa todo lenguaje para describir. Es el misterio de Dios encarnecido, Dios en Cristo, y la divinidad en la humanidad. Cristo se bajó en humildad sin par, para que en su exaltación al trono de Dios, podría también exaltar a los que creen en él, a un asiento con él en su trono. Todos que miran hacia Jesús en fe para que las heridas y moretones que el pecado ha hecho fueran sanados en él, serán hechos enteros.

"Los temas de la redención son temas trascendentales, y solamente los que tienen mentes espirituales pueden discernir su profundidad y significado. Es nuestra seguridad, nuestra vida, nuestro gozo, meditar sobre las verdades del plan de la salvación. Fe y oración son necesarias para que podamos contemplar las cosas profundas de Dios".—*Fundamentals of Christian Education*, p. 178-180.

Capítulo 69

Dios te Invita a Venir

Una invitación especial—"Venimos a Dios por invitación especial, y él espera para darnos la bienvenida a su sala de audiencias. . . . Que los que desean la bendición de Dios toquen y esperen a la puerta de la misericordia con seguridad firme, diciendo, Porque tú, O Señor, has dicho, 'Porque todo aquel que pide, recibe; y él que busca, halla; y al que llama, se le abrirá' [Mateo 7:8].—*El Discurso Maestro de Jesús*, p. 111.

Pedir ayuda por cada necesidad—"Podemos decir al Señor, con la sencillez de un niño, exactamente lo que necesitamos. Podemos declararle nuestros asuntos temporales, pidiéndole por pan y ropa bien como para el pan de la vida y el vestido de la justicia de Cristo. Tu Padre celestial sabe que necesitas todas estas cosas, y estás invitado a pedirle al respecto. Es a través del nombre de Jesús que cada favor se recibe. Dios honrará ese nombre, y suplirá tus necesidades de las riquezas de su liberalidad".—*El Discurso Maestro de Jesús*, p. 112.

Dádivas tan preciosas—"Las dádivas de él que tiene todo poder en el cielo y la tierra están guardadas para los hijos de Dios. Dádivas tan preciosas que nos vienen a través del sacrificio costoso de la sangre del Redentor; dádivas que van a satisfacer los anhelos más profundos del corazón, dádivas tan permanentes como la eternidad serán recibidas y apreciadas por todos que vendrán a Dios como niños pequeños".— *El Discurso Maestro de Jesús*, p. 113.

Bendiciones temporales y espirituales—"El anhela darte conocimiento en asuntos temporales bien como espirituales. El puede afilar el intelecto. Puede dar tacto y destreza. Pon tus talentos en la obra, pide a Dios por sabiduría, y te las será dada".—*Palabras de Vida del Gran Maestro*, p. 112.

Cualquier que sean tus problemas—"'Venid a mí' es su invitación. Cualquier que sean tus ansiedades y pruebas, extiende tu caso delante del Señor".—*El Deseado de Todas las Gentes*, p. 295.

Ven ahora—en confianza—"El cielo está abierto a nuestros pedidos, y estamos invitados a venir 'confiadamente al trono de la gracia, para alcanzar misericordia y hallar gracia para el oportuno socorro' [Hebreos 4:16]. Tenemos que venir en fe, creyendo que obtendremos las mismas cosas que le pedimos".—*5 Comentario Bíblico*, p. 1078 (ST 18.04.1892).

Capítulo 70

Como Enoc Oraba

Peticiones silenciosas durante el trabajo diario—"Mientras ocupados en nuestro trabajo diario, debemos elevar el alma al cielo en oración. Estas peticiones silenciosas suben como incienso delante del trono de la gracia; y el enemigo queda confundido. . . . Fue así que Enoc andaba con Dios. Y Dios estaba con él, una ayuda presente en toda hora de necesidad. . . .

"La oración es el aliento del alma. Es el secreto del poder espiritual. Ningún otro medio de gracia puede ser substituido, y la salud del alma ser preservada. La oración trae el corazón en contacto inmediato con la Fuente de la vida, y fortalece tendón y músculo de la experiencia religiosa".—*Obreros Evangélicos*, p. 268.

La oración incesante—"Yo desearía que podría impresionar a cada obrero en la casa de Dios la gran necesidad de oración continua y sincera. No pueden estar constantemente sobre las rodillas, pero pueden elevar sus corazones a Dios. Fue así que Enoc andaba con Dios".—*5 Testimonios*, p. 561.

"La caminada de Enoc con Dios no era en un trance o una visión, pero en todos los deberes de su vida diaria. . . . En la familia y en su intercambio con los hombres, como esposo y padre, amigo o ciudadano, él era el siervo constante y no vacilante del Señor".—*Patriarcas y Profetas*, p. 72.

Tipo del remanente—"El carácter divino de este profeta representa el estado de santidad que tiene que ser logrado por los que serán 'redimidos de entre los de la tierra' (Apocalipsis 14:3) en el tiempo del segundo advenimiento de Cristo. . . . Como Enoc, el pueblo de Dios buscará la pureza de corazón, y la conformidad a su voluntad, hasta que reflejen la similitud de Cristo. Como Enoc . . . mediante su santa conversación y ejemplo van a condenar los pecados de los injustos. Como Enoc fue trasladado al cielo antes de la destrucción del mundo por agua, así los justos vivos serán trasladados de la tierra antes de su destrucción por fuego".—*Patriarcas y Profetas*, p. 77.

Vivía en lugares celestiales—"El corazón de Enoc se inclinaba hacia los tesoros eternos. El había visto la ciudad celestial. El había visto al Rey en su gloria en el medio del Sión. Cuanto más la iniquidad existente, lo más sincero era su anhelo hacia el hogar de Dios. . . .

"'Bienaventurados los de limpio corazón, porque ellos verán a Dios' [Mateo 5:8]. Por trescientos años Enoc buscaba limpieza de corazón, para que pudiera estar en armonía con el cielo. Por tres siglos había caminado con Dios. Día por día había anhelado por una unión más cercana; íntima y más íntima había crecido la comunión, hasta que Dios lo llevó a si mismo. Había parado al umbral del mundo externo, solamente un paso entre él y la tierra de los benditos; y ahora los portales se abrieron, la caminada con Dios, por tanto tiempo llevada a cabo en la tierra, siguió, y él pasó por los portales de la Ciudad Santa. . . .

"A tal comunión Dios nos llama".—*8 Testimonios*, p. 345.

Capítulo 71

Como Moisés Oraba

Cuéntale tus problemas—"El Señor nos ha dado la promesa, 'Y si alguno de vosotros tiene falta de sabiduría, pídala a Dios, el cual da a todos abundantemente y sin reproche, y le será dada' [Santiago 1:5]. Está en la orden de Dios que los que llevan responsabilidades deben reunirse a menudo para aconsejarse uno con el otro, y para orar sinceramente por aquella sabiduría que sólo él puede impartir. Habla menos; mucho tiempo precioso se pierde en el hablar que no trae luz. Que los hermanos se unan en ayuno y oración por la sabiduría que Dios ha prometido a suplir deliberadamente. Cuenta a Dios tus problemas. Dile, como hizo Moisés, 'No puedo dirigir a este pueblo a menos que tu presencia vaya conmigo'. Entonces pide aún más; ora con Moisés, 'Muéstrame tu gloria'. ¿Qué es esta gloria?—Es el carácter de Dios. Esto es lo que él proclamó a Moisés.

"Que el alma en fe viviente aférrese en Dios. Que la lengua hable su loor. Cuando se encuentren juntos, que la mente reverentemente se torne a la contemplación de las realidades eternas. Entonces estarán ayudando el uno al otro hacia una mentalidad espiritual. Cuando tu voluntad está en armonía con la voluntad divina, estarán en armonía uno con el otro; y tendréis Cristo a su lado como Consolador".—*Obreros Evangélicos*, p. 431.

Implorando por su pueblo—"'Déjame que . . . los consuma', fueron las palabras de Dios. Si Dios propusiera de destruir Israel, ¿quién podría implorar por ellos? ¡Cuán pocos no irían a dejar a los pecadores a su destino! . . .

"Pero Moisés percibía causa por esperanza donde solamente aparecía desánimo e ira. La palabra de Dios, 'Déjame', él entendió no de prohibir si no de alentar la intercesión, sugiriendo que nada sino las oraciones de Moisés podrían salvar a Israel. . . .

"Al interceder Moisés por Israel, su timidez fue perdida en su profundo interés y amor por aquellos con quienes él, en las manos de Dios, había sido el medio de hacer tanto. El Señor escuchó sus pleitos, y concedió su abnegada oración. Dios había probado a su siervo; había probado su fidelidad y su amor por aquel pueblo errante y desagradecido, y noblemente había Moisés soportado la prueba. Su interés en Israel no brotaba de algún motivo egoísta. La prosperidad del pueblo escogido de Dios le estaba más caro que honra personal, más caro que el privilegio de llegar a ser el padre de una nación poderosa".—*Patriarcas y Profetas*, p. 328 (Véase también *3 Testimonios*, p. 328).

Tenía que tener ayuda de parte de Dios—"Moisés bien conocía la perversidad y ceguera de aquellos que estaban bajo su cuidado; sabía bien las dificultades con las cuales debía luchar. Pero había aprendido que para prevalecer con el pueblo, tenía que tener ayuda de parte de Dios. Suplicaba por una revelación más clara de la voluntad de Dios por una garantía de su presencia: 'Mira, tú me dices a mí: Saca este pueblo; y tú no me has declarado a quién enviarás conmigo. Sin embargo, tú dices: Yo te he conocido por tu nombre, y has hallado también gracia en mis ojos. Ahora, pues, si he hallado gracia en tus ojos, te ruego que me muestres ahora tu camino, para que te conozca, y halle gracia en tus ojos; y mira que esta gente es pueblo tuyo'.

"La respuesta fue, 'Mi presencia irá contigo, y te daré descanso'. Pero Moisés todavía no estaba satisfecho. Apresuraba en su alma un sentido de los resultados terribles si Dios abandonara a Israel a la dureza e impenitencia. No podría soportar que sus intereses se separaran de los de sus hermanos, y oró que el favor de Dios fuera restaurado a su pueblo, y que el signo de su presencia siguiera para dirigir sus jornadas: 'Si tu presencia no ha de ir conmigo, no nos saques de aquí. ¿Y en qué se conocerá aquí que he hallado gracia en tus ojos, yo y tu pueblo, sino en que tú andes con nosotros, y que yo y tu pueblo seamos apartados de todos los pueblos que están sobre la faz de la tierra?'

"'Y Jehová dijo a Moisés: También haré esto que has dicho, por cuanto has hallado gracia en mis ojos, y te he conocido por tu nombre'. Todavía el profeta no cesaba implorando. Cada oración había sido respondida, pero él tenía sed por indicaciones mejores del favor de Dios. Ahora él hizo un pedido que ningún otro ser humano jamás había hecho: 'Te ruego que me muestres tu gloria'.

"Dios no reprendió su pedido como presunción; pero las palabras graciosas fueron habladas, 'Yo haré pasar todo mi bien delante de tu rostro' [Éxodo 33:12-19]. La gloria descubierta de Dios, ningún hombre en este estado mortal puede ver y vivir; pero Moisés fue asegurado que podría contemplar cuanto más de la gloria divina como él podía soportar. Otra vez estaba llamado a la cumbre de la montaña; entonces la mano que hizo el mundo, la mano que 'arranca los montes con su furor, y no saben quién los trastornó' (Job 9:5), tomó esta criatura del polvo, este hombre de fe poderosa, y lo colocó en una hendidura de la roca, mientras la gloria de Dios y toda su bondad pasó delante de él.

"Esta experiencia—sobre todo la promesa que la presencia divina le atendería—fue para Moisés la seguridad de éxito en la obra que le quedaba adelante; y él lo contaba de valor infinitamente más grande que todo el aprendizaje de Egipto o todo lo que logró como estadista o líder militar. Ningún poder terrenal o destreza o aprendizaje puede suplir el lugar de la presencia constante de Dios".—*Patriarcas y Profetas*, p. 338 (Véase también *4 Testimonios*, p. 523).

Implorando más por la iglesia—"El corazón de Moisés se hundió. El había implorado que Israel no fuera destruido, aunque su propia posteridad podría entonces llegar a ser una gran nación. En su amor por ellos el había orado que su nombre fuera apagado del libro de la vida en lugar de que ellos fueran dejados a perecer. El había arriesgado todo por ellos, y ésta fue su respuesta. Todas sus dificultades, aún sus sufrimientos imaginarios, ellos echaban la culpa sobre él; y sus quejas malignas hacían doblemente pesado el cargo del cuidado y responsabilidad bajo los cuales él se tambaleaba".—*Patriarcas y Profetas*, p. 398.

Aún más súplicas por los desobedientes—"Moisés ahora se levantó y entró en el tabernáculo. El Señor le declaró, 'Yo los heriré de mortandad y los destruiré, y a ti te pondré sobre gente más grande y más fuerte que ellos'. Pero otra vez Moisés suplicó por su pueblo. No podía concordar en que fueran destruidos, y él mismo hecho una nación más grande. Apelando a la misericordia de Dios, dijo: 'Ahora, pues, yo te ruego que sea magnificado el poder del Señor, como lo hablaste, diciendo: Jehová, tardo para la ira y grande en misericordia. . . . Perdona ahora la iniquidad de este pueblo según la grandeza de tu misericordia, y como has perdonado a este pueblo desde Egipto hasta aquí' [Números 14:12-19]".—*Patriarcas y Profetas*, p. 411.

Postrados sobre la tierra—"Moisés y Aarón todavía quedaba postrados delante de Dios en la presencia de toda la asamblea, en silencio implorando la misericordia divina por un Israel rebelde. Su aflicción era demasiado profunda por palabras. Otra vez Caleb y Josué vinieron al frente, y la voz de Caleb una vez más se eleva en triste sinceridad por encima de las quejas de la congregación: 'La tierra por donde pasamos para reconocerla, es tierra en gran manera buena. Si Jehová se agradare de nosotros, él nos llevará a esta tierra, y nos la entregará; tierra que fluye leche y miel. Por tanto, no seáis rebeldes contra Jehová, ni temáis al pueblo de esta tierra; porque nosotros los comeremos como pan; su amparo se ha apartado de ellos, y con nosotros está Jehová; no los temáis'" [Números 14:7-9].—*4 Testimonios*, p. 151.

En el medio de más rebelión —"Moisés no había sospechado este profundo complot, y cuando de repente entendió su significado terrible, él cayó sobre su rostro en apelación silenciosa a Dios. Se levantó seguramente triste, pero calmo y fuerte. Dirección divina le había sido dada".—*Patriarcas y Profetas*, 421.

Postrados delante del Señor—"Aquí encontramos una exhibición notable de la ceguera que va a tomar posesión de las mentes humanas que se vuelven de la luz y la evidencia. Aquí vemos el poder de la rebelión endurecida, y cuán difícil es para sojuzgar. Seguramente los hebreos habían tenido la evidencia más convincente en la destrucción de los hombres que les habían engañado; pero todavía quedaron audaces y desafiantes, y acusaron a Moisés y Aarón de matar hombres buenos y santos. 'Porque como pecado de adivinación es la rebelión, y como ídolos e idolatría la obstinación' [1 Samuel 15:23].

"Moisés no sintió la culpa del pecado y no salió con esta palabra del Señor, dejando la congregación a perecer, como los hebreos huyeron de las tiendas de Coré, Datán, y Abiram un día antes. Moisés quedaba, porque no podía consentir con abandonar toda esta vasta multitud a la destrucción, aunque él sabía que ellos merecían la venganza de Dios por su rebelión persistente. El se postró delante de Dios porque el pueblo no sentía la necesidad de la humillación; él intercedió por ellos porque no sentían ninguna necesidad de interceder por si mismos".—*3 Testimonios*, p. 394.

Listos para matarlo—"Ellos estaban listos a proceder a la violencia contra sus líderes fieles y abnegados.

"Una manifestación de la gloria divina fue vista en la nube sobre el tabernáculo, y una voz desde la nube, habló a Moisés y Aarón, 'Apartaos de en medio de esta congregación, y los consumiré en un momento' [Números 16:45].

"La culpa del pecado no descansaba sobre Moisés, y por lo tanto él no temía y no salió de repente para dejar la congregación a perecer. Moisés se dilataba, en esta crisis terrible manifestando el interés del verdadero pastor por el rebaño que le tocaba cuidar. Imploró que la ira de Dios no destruyera por completo el pueblo de su elección. Por su intercesión el paró el brazo de venganza, para que no hubiera un fin completo para un Israel desobediente y rebelde".—*Patriarcas y Profetas*, p. 426.

La hora de partir—"Mientras el pueblo contemplaba al hombre viejo, casi por ser llevado fuera, se acordaron, con nuevo y más profundo aprecio, su ternura patriarcal, sus consejos sabios, y sus labores incesantes. ¡Cuán frecuente, cuando sus pecados habían invitado los juicios justos de Dios, las oraciones de Moisés habían prevalecido con él a perdonarlos! Su dolor fue amplificado por remordimiento. Se acordaban con amargura que su propia perversidad había provocado a Moisés por el pecado por el cual él tenía que morir".—*Patriarcas y Profetas*, p. 503.

Finalmente contestada—"Nunca, hasta que ejemplificado en el sacrificio de Cristo, fueron la justicia y el amor de Dios demostrados más notablemente que en sus tratamientos con Moisés. Dios cerró a Moisés fuera de Canaán, para enseñar una lección que nunca debe ser olvidada—que él exige obediencia exacta, y que los hombres deben cuidarse de no tomar para sí mismos la gloria que corresponde a su Hacedor. El no podía conceder la oración de Moisés que compartiera la herencia de Israel, pero no se olvidó ni abandonó a su siervo. El Dios del cielo comprendió el sufrimiento que Moisés había sufrido; había notado cada acto de servicio fiel a través de los años largos de conflicto y prueba. En la cumbre de Pisga, Dios llamó a Moisés para una herencia infinitamente más gloriosa que el Canaán terrenal.

"Sobre el monte de la transfiguración Moisés estaba presente con Elías, quien había sido trasladado. Fueron enviados como portadores de luz y gloria del Padre a su Hijo. Y así la oración de Moisés, pronunciada tantos siglos antes, fue finalmente contestada. El estaba sobre la 'buena montaña', dentro de la herencia de su pueblo, llevando testimonio a él en el cual todas las promesas a Israel estaban centradas. Así es la última escena revelada a la vista mortal en la historia de ese hombre tan honrado por el cielo".—*Patriarcas y Profetas*, p. 512.

Compartieron sus anhelos—"Ahora el cielo había enviado a sus mensajeros a Jesús; ángeles, no, sino hombres que habían soportado sufrimiento y tristeza, y quienes podrían simpatizar con el Salvador en la prueba de su vida terrenal. Moisés y Elías habían sido colaboradores con Cristo. Habían compartido en sus anhelos por la salvación de los hombres. Moisés había intercedido por Israel; 'Que perdones ahora su pecado, y si no, ráeme ahora de tu libro que has escrito' Éxodo 32:32. Elías había conocido soledad de espíritu, cuando por tres años y medio de hambre había llevado el pesar del odio y de la tristeza de la nación. Solo quedó firme por Dios sobre el Monte Carmelo. Solo huyó al desierto en angustia y desespero. Estos hombres, escogidos por cima de cada ángel alrededor del trono, vinieron para tener comunión con Jesús sobre las escenas de su sufrimiento, y para consolarlo con la certeza de la simpatía del cielo. La esperanza del mundo, la salvación de cada ser humano, fue el peso de su entrevista".—*El Deseado de Todas las Gentes*, p. 391.

Capítulo 72

Como Elías Oraba

Como hizo entonces—"Los mensajeros de Dios deberían demorar mucho con él, si tuvieran éxito en su trabajo. Se cuenta la historia de una mujer de edad de Lancashire que estaba escuchando las razones que sus vecinos daban para el éxito de su pastor. Hablaron de dones, de su estilo de hablar, de sus maneras. 'No', dijo la mujer. 'Lo diré lo que es. Vuestro hombre es muy íntimo con el Todopoderoso'.

"Cuando los hombres están tan dedicados como fue Elías y poseen la fe que él tenía, Dios se revelará a si mismo como hizo entonces. Cuando los hombres imploran con el Señor como hacía Jacob, los resultados vistos entonces se verán otra vez. El poder vendrá de Dios en respuesta a la oración de fe".—*Obreros Evangélicos*, p. 269.

Oraba porque estaba preocupado—"Entre las montañas de Galaad, al este del Jordán, en los días de Acab moraba un hombre de fe y oración cuyo ministerio audaz fue destinado a parar la propagación rápida de la apostasía en Israel. Muy lejos de cualquier ciudad de renombre, y ocupando ningún puesto elevado en la vida, Elías el tisbita sin embargo entró en su misión confidente en el propósito de Dios para preparar el camino delante de él y darle éxito abundante. La palabra de fe y poder estaba en sus labios, y su vida entera fue devota a la obra de reforma. Su voz era una de alguien clamando en el desierto censurando el pecado y suprimiendo la marea del mal. Y mientras venía al pueblo como censor del pecado, su mensaje ofrecía el bálsamo de Galaad a las almas afligidas con el pecado de todos que deseaban ser sanados.

"Mientras que Elías observaba a Israel bajándose más y más profundo en la idolatría, su alma fue perturbada y su indignación despertada. Dios había hecho grandes cosas por su pueblo. Los había libertado de la esclavitud y les dado 'las tierras de las naciones, para que guardasen sus estatutos, y cumpliesen sus leyes'. Salmo 105:44, 45. Pero los diseños benéficos de Jehová estaban ahora casi olvidados. Incredulidad rápidamente separaba la nación escogida de la Fuente de su poder. Observando esta apostasía de su retiro en la montaña, Elías quedó abrumado con tristeza. En angustia de alma pidió a Dios para arrestar el pueblo una vez favorecido en su curso maligno, para visitarles con juicios, si fuera necesario, para que fueran llevados para ver a su verdadera luz su salida del cielo. El anhelaba verlos llevados al arrepentimiento antes de que fueran a tal extremo en el mal como para provocar al Señor a destruirlos por completo.

"La oración de Elías fue contestada. Exhortaciones frecuentemente repetidas, protestas, y amonestaciones habían fracasado a llevar a Israel al arrepentimiento. La hora había llegado cuando Dios tenía que hablarles por medio de juicios".—*Profetas y Reyes*, p. 87.

Había uno que se atrevía—"El temor de Dios estaba en decrecimiento diariamente en Israel. Las indicaciones de blasfemia de su idolatría ciega eran vistas entre el Israel de Dios. No había nadie que se atrevía a descubrir sus vidas mediante abiertamente mostrándose en oposición a la idolatría profana que prevalecía. Los altares de Baal, y los sacerdotes de Baal que sacrificaban al sol, a la luna, y a las estrellas, estaban en evidencia en toda parte. Habían dedicado templos y grutas en las cuales la obra de la mano del hombre estaba colocada para ser adorada. Los beneficios que Dios había dado a su pueblo no incitaban ninguna gratitud para el Dador. Todas las bondades del cielo—los riachos con sus corrientes, los arroyos de aguas vivas, el rocío gentil, las lluvias que refrescaban la tierra y causaban sus campos a producir en abundancia—esto atribuían al favor de sus dioses.

"El alma fiel de Elías estaba afligida. Su indignación se despertó, y él era celoso por la gloria de Dios. El vio que Israel estaba metido en una apostasía temerosa. Y cuando se acordaba de las grandes cosas que Dios les había hecho, estaba abrumado con lamento y asombro. Pero todo esto estaba en el olvido por la mayoría de la gente. El entró la presencia del Señor, y con su alma apenada en angustia, imploró que Dios salvara a su pueblo aún si fuera por medio de juicios. Pleiteaba con Dios para restringir de su pueblo ingrato el rocío y la lluvia, los tesoros del cielo, para que Israel apóstata podría mirar en vano a sus dioses, sus dioses de oro, de madera, de piedra, el sol, la luna, las estrellas, para regar y enriquecer la tierra, y causarle a producir en abundancia. El Señor dijo a Elías que escuchó su oración y que iba a restringir el rocío y la lluvia de su pueblo hasta que se tornara para él en arrepentimiento".—*3 Testimonios*, p. 291.

El continuaba estas oraciones—"A través de los largos años de sequía y hambre, Elías oraba sinceramente que los corazones de Israel se tornaran desde la idolatría para la lealtad a Dios. Pacientemente el profeta esperaba, mientras que la mano de Dios pesaba sobre la tierra afligida. Al ver las evidencias de sufrimiento y necesidad multiplicando por todo lado, su corazón estaba torcido con tristeza, y anhelaba por poder para efectuar una rápida reforma. Pero Dios mismo estaba manejando su plan, y solamente lo que su siervo podía hacer era de seguir orando en fe y esperar la hora de la acción determinada".—*Profetas y Reyes*, p. 97.

El ora como si sabe—"Haciendo acordar a la gente de la larga apostasía que ha despertado la ira de Jehová, Elías los llama a humillar sus corazones y tornarse al Dios de sus padres, para que la maldición sobre la tierra de Israel pueda ser sacada. Entonces, inclinándose reverentemente delante del Dios invisible, él levanta las manos hacia el cielo y ofrece una oración sencilla. Los sacerdotes de Baal han gritado y espumado y saltado, desde mañana temprano hasta muy tarde en la tardecita; pero cuando Elías ora, ningunos gritos insensatos resuenan sobre las alturas del Carmelo. El ora como si sabe qué Jehová está allí, un testigo de la escena, uno que escucha sus apelaciones. Los profetas de Baal han orado locamente, incoherentemente. Elías ora sencillamente y fervientemente, pidiendo a Dios que muestre su superioridad sobre Baal, para que Israel sea llevado a tornarse a él.

"'Jehová Dios de Abraham, de Isaac y de Israel, sea hoy manifiesto que tú eres Dios en Israel, y que yo soy tu siervo, y que por mandato tuyo he hecho todas estas cosas. Respóndeme, Jehová, respóndeme, para que conozca este pueblo que tú, oh Jehová, eres el Dios, y que tú vuelves a ti el corazón de ellos'.

"Un silencio, sofocante en su solemnidad, cae sobre todos. Los sacerdotes de Baal tiemblan con terror. Conscientes de su culpa, miran para la retribución rápida.

"Apenas es la oración de Elías terminada que lenguas de fuego, como destellos brillantes de relámpago, descienden del cielo sobre el altar erigido, devorando el sacrificio, lamiendo el agua en la zanja, y consumiendo hasta las piedras del altar. El brillo del fuego ilumina la montaña y deslumbra los ojos de la multitud. En los valles abajo, donde muchos están observando en suspenso ansioso los movimientos de los encima, la bajada del fuego se ve claramente, y todos quedan asombrados por la vista. Se parece el pilar de fuego que en el Mar Rojo separaba los hijos de Israel de la hueste egipcia".—*Profetas y Reyes*, p. 112.

Su rostro entre las rodillas—"Con la matanza de los profetas de Baal, se abría camino para llevar a cabo una reforma espiritual poderosa entre las diez tribus del reino del norte. Elías había colocado delante del pueblo su apostasía; los había llamado a humillar sus corazones y volver al Señor. Los juicios del cielo habían sido ejecutados; y ahora la maldición del cielo iba a hacer retraída, y las bendiciones temporales de la vida renovadas. La tierra sería refrescada con lluvia. 'Sube, come y bebe', dijo Elías a Acab, 'porque una lluvia grande se oye'. Entonces el profeta subió el monte para orar.

"No fue por causa de alguna evidencia ajena de que las lluvias estaban por caer, que Elías podría con tanta confianza invitar a Acab a preparar por lluvia. El profeta no veía ninguna nube en los cielos; escuchaba ningún trueno. El sencillamente dijo la palabra que el Espíritu del Señor le había movido a hablar en respuesta a su propia fuerte fe. Al largo del día él había cumplido sin vacilar la voluntad de Dios y había revelado su confianza implícita en las profecías de la Palabra de Dios; y ahora, habiendo hecho todo que estaba en su poder para hacer, sabía que el cielo iba libremente conceder las bendiciones predichas. El mismo Dios que había enviado la sequía había prometido una abundancia de lluvia como el galardón de hacer el bien; y ahora el día se esperaba por el prometido derramamiento. En una actitud de humildad, 'puso su rostro entre las rodillas', intercedió con Dios a favor del Israel penitente.

"Vez tras vez Elías envió a su siervo a un punto con vista del Mediterráneo, para llegar a saber si había cualquier indicación visible que Dios había escuchado su oración. Cada vez el siervo volvió con la palabra, 'No hay nada'. El profeta no llegó a ser impaciente o perder su fe, mas siguió su súplica sincera. Seis veces el siervo volvió con la palabra que no había indicación de lluvia en los cielos de bronce. Sin desanimarse, Elías le envió una vez más; y esta vez el siervo volvió con la palabra, 'Yo veo una pequeña nube como la palma de la mano de un hombre, que sube del mar'.

"Esto fue suficiente. Elías no esperaba para los cielos a juntar oscuridad. En aquella pequeña nube contemplaba por la fe una abundancia de lluvia; y reaccionaba en armonía con su fe, enviando a su siervo ligeramente a Acab con el mensaje, 'Unce tu carro y desciende, para que la lluvia no te ataje' [1 Reyes 18:36-44].

"Fue porque Elías era un hombre de mucha fe que Dios podría usarlo en esta grave crisis en la historia de Israel. Al orar, su fe se extendió y tomó las promesas del cielo, y perseveró en oración hasta que sus peticiones fueran contestadas. No esperaba por la plena evidencia que Dios le había escuchado, pero estaba dispuesto a arriesgar todo en la mínima indicación del favor divino. Y aun lo que él fue habilitado para hacer bajo Dios, todos pueden hacer en su esfera de actividad en el servicio de Dios; porque del profeta de las montañas de Galaad está escrito: 'Elías era hombre sujeto a pasiones semejantes a las nuestras, y oró fervientemente para que no lloviese, y no llovió sobre la tierra por tres años y seis meses'. Santiago 5:17.

"Una fe como esta se necesita en el mundo hoy—una fe que tome las promesas de la Palabra de Dios y recuse a soltar hasta que el cielo escuche. Tal fe nos une con el cielo muy de cerca, y nos da fuerza para manejar los poderes de la oscuridad. A través de fe los hijos de Dios 'conquistaron reinos, hicieron justicia, alcanzaron promesas, taparon bocas de leones, apagaron fuegos impetuosos, evitaron filo de espada, sacaron fuerzas de debilidad, se hicieron fuertes en batallas, pusieron en fuga ejércitos extranjeros'. Hebreos 11:33, 34. Y través de fe hoy podemos alcanzar las alturas del propósito de Dios para nosotros. 'Si puedes creer, al que cree todo le es posible'. Marcos 9:23.

"Fe es un elemento esencial de la oración que prevalece. 'Es necesario que el que se acerca a Dios crea que le hay, y que es galardonador de los que le buscan'. 'Si pedimos alguna cosa conforme a su voluntad, él nos oye. Y si sabemos que él nos oye en cualquiera cosa que pidamos, sabemos que tenemos las peticiones que le hayamos hecho'. Hebreos 11:6; 1 Juan 5:14, 15. Con la fe perseverante de Jacob, con la persistencia inquebrantable de Elías, podemos presentar nuestras peticiones al Padre, reclamando todo que él ha prometido. El honor de su trono está en juego por el cumplimiento de su palabra".— *Profetas y Reyes*, p. 115.

Lecciones importantes—"Lecciones importantes se nos presentan en la experiencia de Elías. Cuando sobre el monte Carmelo ofreció la oración por lluvia, su fe estaba probada, más él perseveró en hacer conocido su pedido a Dios. Seis veces oró sinceramente, sin embargo no había una señal que su petición fue concedida, pero con una fe fuerte él urgía su pleito al trono de la gracia. Si él se había entregado al desánimo la sexta vez, su oración no hubiera sido contestada, pero perseveró hasta que la respuesta vino. Tenemos un Dios cuyo oído no está cerrado a nuestras peticiones; y si comprobamos su palabra, él honrará nuestra fe. El quiere que tengamos todos nuestros intereses enlazados con sus intereses, y entonces él puede con seguridad bendecirnos; porque entonces no vamos a tomar la gloria a nosotros mismos cuando la bendición nos viene, sino daremos todo el loor a Dios. Dios no siempre responde a nuestras oraciones la primera vez que le llamamos; porque si así fuera, podríamos tomarlo por dado que tenemos derecho a todas las bendiciones y favores que él nos concede. En vez de escudriñar nuestros corazones para ver si retuviéramos algún mal, o consintiéramos a cualquier pecado, llegaríamos a ser descuidados, y faltaríamos en darnos cuenta de nuestra dependencia de él, y nuestra necesidad de su ayuda.

"Elías se humilló hasta que estuviera en una condición en la cual no tomaría la gloria para si mismo. Esta es la condición en que el Señor escucha la oración, porque entonces le daremos la alabanza a él. La costumbre de ofrecer alabanza a los hombres es una que resulta en gran mal. Uno elogia al otro, y así los hombres están llevadas a sentir que la gloria y honra les corresponde. Cuando exaltas al hombre, pones una trampa por su alma, y haces exactamente cómo Satanás planeaba. Debes alabar a Dios con todo el corazón, alma, fuerza, mente, y poder; porque sólo Dios es digno de ser glorificado".—*2 Comentario Bíblico*, p. 1034, 1035 (RH 27.03.1913).

Menos y menos—"El siervo observaba mientras Elías oraba. . . . Al examinar su corazón, él parecía ser menos y menos, tanto en su propia estimación y a la vista de Dios. Le parecía que era nada, y que Dios era todo; y cuando llegó al punto de renunciar el yo, mientras se pegó al Salvador como su única fuerza y justicia, vino la respuesta".—*Hijos e Hijas de Dios*, p. 208.

Sueltes muy pronto—"Debiéramos estar mucho en oración secreta. Cristo es la vid, vosotros sois los ramos. Si queremos crecer y prosperar, tenemos que continuamente recibir la savia y nutrición de la Vid Viviente; porque separados de la vid no tenemos fuerza.

"Pregunté al ángel por qué no había más fe y poder en Israel. El dijo, 'Tú sueltes el brazo del Señor muy pronto. Presione tus peticiones al trono, y aguanta por fuerte fe. Las promesas son seguras. Cree que recibes las cosas que pides, y las tendrás'. Entonces me dirigió a Elías. El estaba sujeto a pasiones semejantes a las nuestras, y oraba sinceramente. Su fe soportó la prueba. Siete veces él oró delante del Señor, y por final se veía la nube. Vi que habíamos dudado las promesas seguras, y herido al Salvador por nuestra falta de fe. Dijo el ángel, 'Vístete de la armadura, y sobre todo toma el escudo de la fe; porque esto guardará el corazón, la propia vida, de los dardos ardientes del maligno'. Si el enemigo consigue que los desanimados quiten la vista de Jesús, y miren a si mismos, y concentren en su propia indignidad, en lugar de meditar sobre la dignidad de Jesús, su amor, sus méritos, y su gran misericordia, el sacará el escudo de la fe y ganar su objeto; estarán expuestos a sus tentaciones ardientes. Entonces los débiles deben mirar a Jesús, y creer en él; entonces están ejerciendo la fe".—*Primeros Escritos*, p. 73.

Capítulo 73

Como Ezequías Oraba

Lo colocaba delante del Señor—"'Ni os haga Ezequías confiar en Jehová, diciendo: Ciertamente Jehová nos librará; no será entregada esta ciudad en manos del rey de Asiria. No escuchéis a Ezequías, porque así dice el rey de Asiria: Haced conmigo paz, y salid a mí; y coma cada uno de su viña, y cada uno de su higuera, y beba cada cual las aguas de su pozo, hasta que yo venga y os lleve a una tierra como la vuestra, tierra de grano y de vino, tierra de pan y de viñas. Mirad que no os engañe Ezequías diciendo: Jehová nos librará. ¿Acaso libraron los dioses de las naciones cada uno su tierra de la mano del rey de Asiria? ¿Dónde está el dios de Hamat y de Arfad? ¿Dónde está el dios de Sefarvaim? ¿Libraron a Samaria de mi mano? ¿Qué dios hay entre los dioses de estas tierras que haya librado su tierra de mi mano, para que Jehová libre de mi mano a Jerusalén?'. Isaías 36:15-20. . . .

"Senaquerib escribió 'cartas en que blasfemaba contra Jehová el Dios de Israel, y hablaba contra él, diciendo: Como los dioses de las naciones de los países no pudieron librar a su pueblo de mis manos, tampoco el Dios de Ezequías librará al suyo de mis manos'. 2 Crónicas 32:17.

"La amenaza jactanciosa estaba acompañada por el mensaje: 'No te engañe tu Dios en quien tú confías, para decir: Jerusalén no será entregada en mano del rey de Asiria.He aquí tú has oído lo que han hecho los reyes de Asiria a todas las tierras, destruyéndolas; ¿y escaparás tú?¿Acaso libraron sus dioses a las naciones que mis padres destruyeron, esto es, Gozán, Harán, Resef, y los hijos de Edén que estaban en Telasar? ¿Dónde está el rey de Hamat, el rey de Arfad, y el rey de la ciudad de Sefarvaim, de Hena y de Iva?' 2 Reyes 19:10-13.

"Cuando el rey de Judá recibió esta carta insultante, la llevó al templo y la 'extendió . . . delante del Señor' y oró con firme fe por ayuda del cielo, que las naciones de la tierra supieran que el Dios de los hebreos todavía vivía y reinaba. Versículo 14. El honor de Jehová estaba en juego; sólo él podría libertar.

"'Jehová Dios de Israel, que moras entre los querubines', imploraba Ezequías, 'sólo tú eres Dios de todos los reinos de la tierra; tú hiciste el cielo y la tierra. Inclina, oh Jehová, tu oído, y oye; abre, oh Jehová, tus ojos, y mira; y oye las palabras de Senaquerib, que ha enviado a blasfemar al Dios viviente. Es verdad, oh Jehová, que los reyes de Asiria han destruido las naciones y sus tierras; y que echaron al fuego a sus dioses, por cuanto ellos no eran dioses, sino obra de manos de hombres, madera o piedra, y por eso los destruyeron. Ahora, pues, oh Jehová Dios nuestro, sálvanos, te ruego, de su mano, para que sepan todos los reinos de la tierra que sólo tú, Jehová, eres Dios'. 2 Reyes 19:15-19. . . .

"Las súplicas de Ezequías a favor de Judá y del honor de su Soberano estaba en armonía con la mente de Dios. Salomón, en su bendición en la dedicación del templo, había orado al Señor que éste mantenga 'la causa de su siervo y de su pueblo Israel, cada cosa en su tiempo; a fin de que todos los pueblos de la tierra sepan que Jehová es Dios, y que no hay otro'. 1 Reyes 8:59, 60. Especialmente fue que el Señor mostrara favor cuando, en tiempos de guerra o de oposición por un ejército, los jefes de Israel debieran entrar en la casa de oración y suplicar por liberación. Versículos 33, 34.

"Ezequías no quedaba sin esperanza. Isaías le envió, diciendo, 'Así ha dicho Jehová, Dios de Israel: Lo que me pediste acerca de Senaquerib rey de Asiria, he oído'. . . [2 Reyes 19:20].

"'La soberbia de Asiria será derribada, y se perderá el cetro de Egipto'. Zacarías 10:11. Esto es cierto no solamente de las naciones que se ponían en orden contra Dios en los tiempos antiguos, pero también de las naciones hoy que no cumplen el propósito divino. En el día de los galardones finales, cuando el Juez justo de toda la tierra va a 'zarandear a las naciones' (Isaías 30:28), y los que han guardado la verdad será permitidos a entrar la ciudad de Dios, los arcos del cielo sonarán con los cánticos triunfantes de los redimidos. 'Vosotros tendréis cántico' declara el profeta, 'como de noche en que se celebra pascua, y alegría de corazón, como el que va con flauta para venir al monte de Jehová, al Fuerte de Israel. Y Jehová hará oír su potente voz. . . . Porque Asiria que hirió con vara, con la voz de Jehová será quebrantada' [Isaías 30:29-31].—*Profetas y Reyes*, pp. 262-270.

Capítulo 74

Como Nehemías Oraba

Leer acerca de Nehemías—"Sus ideas sobre la libertad religiosa están siendo entretejidas con sugerencias que no provienen del Espíritu Santo, y la causa de la libertad religiosa está enferma, y su enfermedad solamente puede ser sanada por la gracia y gentileza de Cristo.

"Los corazones de los que promueven esta causa tienen que llenarse con el espíritu de Jesús. Solamente el Gran Médico puede aplicar el bálsamo de Galaad. Que esos hombres lean el libro de Nehemías con corazones humildes tocados por el Espíritu Santo, y sus ideas falsas serán modificadas, y principios correctos se verán, y el orden de las cosas cambiará. Nehemías oró a Dios por ayuda, y Dios escuchó su oración. El Señor influyó a los reyes paganos a venir a su ayuda. Cuando sus enemigos trabajaban celosamente en contra de él, el Señor obró a través de reyes para llevar a cabo su propósito, y para contestar las muchas oraciones que le estaban ascendiendo por la ayuda que tanto necesitaban".—*Testimonios para los Ministros*, p. 200,

El tipo de hombres que Dios puede usar—"Dios demostró al pueblo para los cuales se había hecho tanto que no serviría con sus pecados. El obró, no a través de los que se recusaron a servirlo con unidad de propósito, quienes habían corrompido sus maneras delante de él, sino a través de Nehemías; porque él estaba registrado en los libros del cielo como hombre. Dios ha dicho, 'Honraré a los que me honran' [1 Samuel 2:30]. Nehemías se mostraba como hombre que Dios podría usar para derribar principios falsos y restaurar principios nacientes en el cielo; y Dios lo honró. El Señor va a usar en su obra a hombres que son fieles como acero al principio, a quienes que no serán desviados por las sofisterías de los que han perdido su vista espiritual.

"Nehemías fue escogido por Dios porque estaba dispuesto a cooperar con el Señor como restaurador. La mentira y la intriga fueron usadas para pervertir su integridad, pero él no estaría sobornado. El rehusó a ser corrompido por los artificios de hombres sin principio, que habían sido contratados para hacer una obra maligna. El no les permitía que le intimidara en seguir un curso de cobarde. Cuando él notaba que actuaban con principios errados, él no se quedaba como espectador y por su silencio dar consentimiento. No dejaba que el pueblo concluyera que estaba en el lado errado. El tomó una posición firme e inflexible por la rectitud. No prestaba ni una jota de influencia para la perversión de los principios establecidos por Dios. No importa el curso que otros siguieran, él podría decir, 'Yo no hice así, a causa del temor de Dios' [Nehemías 5:15].

"En su trabajo, Nehemías mantendría la honra y gloria de Dios siempre en vista. Los gobernadores que estaban antes de él habían tratado injustamente con el pueblo, 'y tomaron de ellos por el pan y por el vino más de cuarenta siclos de plata, y aun sus criados se enseñoreaban del pueblo; pero yo no hice así', declaró Nehemías, 'a causa del temor de Dios'".—*3 Comentario Bíblico*, p. 1135 (RH 02.05.1899).

La oración trajo coraje—"Mediante mensajeros de Judea el patriota hebraico supo que los días de prueba habían llegado a Jerusalén, la ciudad escogida. Los exiliados que habían vuelto sufrían aflicción y reproche. El templo y porciones de la ciudad habían sido reconstruidos; pero la obra de restauración estaba detenida, los servicios del templo interrumpido, y el pueblo en constante alarma por el hecho de que los muros de la ciudad estaban mayormente en ruinas.

"Abrumado con tristeza, Nehemías no podía comer ni beber; él 'lloré, e hice duelo por algunos días, y ayuné'. En su dolor se volvió al divino Ayudador. 'Oré' dijo, 'delante del Dios de los cielos'. Fielmente hizo confesión de sus pecados y los pecados de su pueblo. Imploró que Dios mantuviera la causa de Israel, restaurara su coraje y fuerza, y los ayudara a reconstruir los lugares destruidos de Judá.

"Mientras Nehemías oró, su fe y coraje se fortaleció. Su boca se llenó con argumentos santos. Indicó la deshonra que caería sobre Dios, si su pueblo, ahora que habían vuelto a él, se dejaran en flaqueza y opresión; y urgió al Señor a cumplir su promesa: 'si os volviereis a mí, y guardareis mis mandamientos, y los pusiereis por obra, aunque vuestra dispersión fuere hasta el extremo de los cielos, de allí os recogeré, y os traeré al lugar que escogí para hacer habitar allí mi nombre' [Nehemías 1:9]. Véase Deuteronomio 4:29 31. Esta promesa fue dada a Israel a través de Moisés antes de entrar Canaán, y durante los siglos quedaba sin ser cambiada. El pueblo de Dios ahora había vuelto a él en penitencia y fe y su promesa no faltaría.

"Muy a menudo Nehemías había derramado su alma en favor de su pueblo. Pero ahora mientras oraba un propósito santo tomó forma en su mente. Resolvió que si pudiera obtener consentimiento del rey, y la ayuda necesaria en conseguir implementos y materiales, él mismo se encargaría con la tarea de reconstruir los muros de Jerusalén y restaurar el poder nacional de Israel. Y pidió al Señor a concederle favor en los ojos del rey, que este plan pudiera llevar a cabo. 'Concede ahora buen éxito a tu siervo', él rogó, 'y dale gracia delante de aquel varón' [Nehemías 1:11].

"Por cuatro meses Nehemías esperaba por una oportunidad favorable para presentar su pedido al rey".—*Profetas y Reyes*, p. 464-466.

Estudiar la oración—[Nehemías 1:5, 6 citado]. "No solamente dijo Nehemías que Israel había pecado. También dio a conocer con penitencia que él y la casa de su padre habían pecado. 'En extremo nos hemos corrompido contra ti', dice él, colocándose a si mismo entre aquellos que habiendo deshonrado a Dios por no quedar firme a favor de la verdad. . . .

"Nehemías se humilló delante de Dios, dándole la gloria debida a su nombre. Así también hizo Daniel en Babilonia. Vamos a estudiar las oraciones de estos hombres. Nos enseñan que tenemos que humillarnos, pero nunca debiéramos borrar la línea de demarcación entre el pueblo de Dios que guardan sus mandamientos y los que no tienen respecto por su ley.

"Todos tenemos que acercarnos a Dios. El se acercará a los que le lleguen en humildad, llenos de santo temor por su sagrada majestad, y poniéndonos delante de él separados del mundo".—*3 Comentario Bíblico*, p. 1136 (MS 58, 1903).

Sujetando la promesa—"Por la fe sujetando la promesa divina, Nehemías colocaba al escabel de la misericordia celestial su petición que Dios mantuviera la causa de su pueblo penitente, restaurara su fuerza, y edificara sus lugares devastados. Dios había sido fiel a sus amonestaciones cuando su pueblo se separó de él; los había esparcido entre las naciones según su Palabra. Y Nehemías encontró en este mismo hecho la seguridad que él sería igualmente fiel en cumplir sus promesas".—*3 Comentario Bíblico*, p. 1136 (SW 01.03.1904).

Lanzó una oración—"Finalmente la tristeza que había pesado el corazón del patriota no podría más ser escondida. Noches sin dormir y días llenos de cuidado dejaron sus rastros en su semblante. El rey, celoso por su propia seguridad, estaba acostumbrado a leer semblantes y penetrar máscaras, y notaba que algún problema secreto estaba afligiendo a su copero. '¿Por qué está triste tu rostro?' preguntó. 'Pues no estás enfermo. No es esto sino quebranto de corazón'.

"La pregunta llenó a Nehemías con aprensión. ¿No enojaría al rey de escuchar que mientras por fuera envuelto en su servicio, los pensamientos del cortesano estaban muy lejos con su pueblo afligido? ¿No estaría la vida del delincuente en peligro? Su plan querido para restablecer la fuerza de Jerusalén—¿estaba por ser derribado? 'Entonces', él escribió, 'temí en gran manera'. Con labios temblantes y ojos llorosos reveló la causa de su tristeza. 'Para siempre viva el rey', respondió. '¿Cómo no estará triste mi rostro, cuando la ciudad, casa de los sepulcros de mis padres, está desierta, y sus puertas consumidas por el fuego?'

"La narración de la condición de Jerusalén despertó la simpatía del monarca sin excitar sus prejuicios. Otra pregunta dio la oportunidad por la cual Nehemías largamente había esperado: '¿Qué cosa pides?' Pero el hombre de Dios no se atrevía a responder hasta que buscara dirección de Uno más elevado que Artajerjes. El tenía una confianza sagrada a cumplir, en la cual necesitaba ayuda del rey; y se dio cuenta que mucho dependía de presentar el asunto de tal manera como para ganar su aprobación y conseguir su ayuda. 'Oré' dijo, 'al Dios de los cielos'. En esta oración corta Nehemías se empujó en la presencia del Rey de Reyes y ganó a su lado un poder que puede convertir corazones como son convertidos los ríos de agua".—*Profetas y Reyes*, p. 466.

Dondequiera que estemos—"Dios en su providencia no nos permite saber el fin del comienzo; pero nos dará la luz de su Palabra para guiarnos mientras andamos, y nos pide mantener nuestras mentes concentradas en Jesús. Dondequiera que estemos, cualquiera nuestra ocupación, nuestros corazones tienen que ser elevados a Dios en oración. Esto es ser instantes en oración. No tenemos que esperar hasta que podamos arrodillarnos antes de orar. En cierta ocasión, cuando Nehemías entró delante del rey, el rey preguntó por qué se parecía triste, y cuál fue su pedido. Pero Nehemías no se atrevía a responder en seguida. Importantes intereses estaban en juego. El destino de una nación dependía de la impresión que entonces tenía que ser hecha en la mente del monarca; y Nehemías lanzó una oración al Dios del cielo, antes de que se atreviera a responder al rey. El resultado fue que obtuvo todo que había pedido o aún deseado".—*3 Comentario Bíblico*, p. 1136 (HS 144).

Necesitados hoy—"Hay necesidad de varios Nehemías en la iglesia hoy—no solamente de hombres que pueden orar y predicar, pero de hombres cuyas oraciones y sermones son reforzados con un propósito firme y ardiente".—*3 Comentario Bíblico*, p. 1137 (SW 09.02.1901).

Un recurso listo—"Orar como Nehemías oró en su hora de necesidad es un recurso disponible del cristiano bajo circunstancias cuando otras formas de oración pueden ser imposibles. Trabajadores en los caminos ocupados de la vida, apretados y casi abrumados con perplejidad, pueden enviar una petición a Dios por dirección divina. Viajeros por mar y tierra, cuando amenazados con algún gran peligro, pueden así entregarse a la protección del cielo. En horas de dificultad repentina o peligro el corazón puede enviar sus súplicas por ayuda a Uno que se ha afirmado a venir a la ayuda de sus fieles y creyentes siempre que lo llamen. En cada circunstancia, bajo toda condición, el alma pesada con dolor y cuidado, o ferozmente atacada, puede encontrar seguridad, soporte, y ayuda en el amor incesante y poder de un Dios fiel a su pacto.

"Nehemías, en aquel breve momento de oración al Rey de Reyes, tomó coraje para contar a Artajerjes su deseo de estar libre por un tiempo de sus deberes en la corte, y pidió la autoridad para reconstruir los lugares devastados de Jerusalén y de hacerla una vez más una ciudad fuerte y protegida. Resultados monumentales a la nación judaica estaban en juego sobre este pedido. 'Y', declaró Nehemías, 'me lo concedió el rey, según la benéfica mano de mi Dios sobre mí'".—*Profetas y Reyes*, p. 466, 467.

Oraciones subiendo continuamente—"No hay hora ni lugar en la cual es inapropiado ofrecer una petición a Dios. No hay nada que puede prevenirnos de levantar nuestros corazones en el espíritu de oración sincera. En los gentíos de la calle, en medio de una cita de negocios, podemos enviar una petición a Dios y pedir por dirección divina, como hizo Nehemías cuando presentó su pedido delante del rey Artajerjes. Un retiro de comunión se puede encontrar dondequiera que estemos. Debemos tener abierta la puerta del corazón continuamente y nuestra invitación subiendo que Jesús pueda venir y morar como huésped celestial en el alma".—*El Camino a Cristo*, p. 99.

Al llegar a Jerusalén—"En secreto y silencio Nehemías terminó su circuito de los muros. 'No sabían los oficiales a dónde yo había ido', él declaró, 'ni qué había hecho; ni hasta entonces lo había declarado yo a los judíos y sacerdotes, ni a los nobles y oficiales, ni a los demás que hacían la obra'. El restante de la noche pasó en oración, porque sabía que la mañana iba a requerir esfuerzo sincero para despertar y unir a sus desanimados y divididos paisanos".—*Profetas y Reyes*, p. 467.

Solamente con oración seguía la obra—"Cuanta angustia de alma esta severidad necesitada costó al fiel obrero de Dios, solamente el juicio va a revelar. Había una lucha constante con elementos opuestos, y sólo por medio de ayuno, humillación, y oración se hacía progreso. . . .

"En la obra de reforma a ser llevado a cabo hoy, hay necesidad de hombres quien, como Esdras y Nehemías, no van a paliar o disculpar el pecado, ni encogerse de vindicar la honra de Dios. Aquellos sobre que descansa el peso de esta obra no se callarán cuando se hace el mal, ni van a tapar el mal con un manto de caridad falsa. Se van a acordar de que Dios no respeta a las personas, y que severidad a algunos pocos puede comprobar la misericordia a muchos. También van a acordarse de que en aquel que reprende el mal se debe siempre revelar el espíritu de Cristo.

"En su trabajo, Esdras y Nehemías se humillaron delante de Dios, confesando sus pecados y los pecados de su pueblo, y pidiendo perdón como si fueran ellos mismos los culpables. Con paciencia trabajaron y oraron y sufrieron. Lo que hacía su trabajo más difícil no fue la hostilidad de los paganos, pero la oposición secreta de sus supuestos amigos, quienes, por prestar su influencia al servicio del mal, multiplicaron por diez la carga de los siervos de Dios. Estos traidores proveían a los enemigos del Señor materiales para usar en su tierra contra su pueblo. Sus pasiones malignas y voluntad rebelde siempre estaban en lucha con los obvios requerimientos de Dios.

"El éxito atendiendo los esfuerzos de Nehemías muestra lo que oración, fe, y acción sabia y energética pueden lograr. Nehemías no era sacerdote; no era profeta; no hacía ninguna pretensión a título elevado. Era un reformador planteado por una hora importante. Era su blanco enderezar a su gente con Dios. Inspirado con un gran propósito, dirigía cada energía de su ser a su realización. La integridad alta e inflexible marcaba sus esfuerzos. Al entrar en contacto con el mal y la oposición al verdadero, se ponía tan determinado que el pueblo estaba despertado a laborar con celo fresco y coraje. No podían menos que reconocer su lealtad, su patriotismo, y su profundo amor por Dios; y observando esto, estaban dispuestos a seguir dondequiera que guiaba".—*Profetas y Reyes*, p. 498.

Capítulo 75

Como Juan el Bautista Oraba

Debe ser nuestra experiencia—"La experiencia de Enoc y Juan el Bautista representa lo que la nuestra debe ser. Mucho más que hacemos, debemos estudiar las vidas de estos hombres—de él que estaba trasladado al cielo sin conocer la muerte, y él, que antes del primer advenimiento de Cristo, fue llamado a preparar el camino del Señor, para enderezar sus sendas".—*8 Testimonios*, p. 344.

Preparación para servicio—"La vida de Juan no se pasaba en la ociosidad, en melancolía ascética, o en el aislamiento egoísta. De vez en cuando salía para mezclarse con la gente; y era siempre un observador interesado en lo que pasaba en el mundo. Desde su retiro quieto observaba el desarrollo de los eventos. La carga de su misión le estaba por encima. En soledad, mediante meditación y oración, procuraba fortalecer su alma por su obra de la vida que le tocaba por delante".—*Obreros Evangélicos*, p. 58.

Cristo era su estudio—"Juan el Bautista en su vida en el desierto estaba enseñado por Dios. Estudiaba las revelaciones de Dios en la naturaleza. Bajo la dirección del Espíritu Divino, estudiaba los rollos de los profetas. Día y noche, Cristo era su estudio, su meditación, hasta que la mente y el corazón y el alma estuvieran llenos de la visión gloriosa".—*8 Testimonios*, p. 346.

Resultados de la visión espiritual—"El contemplaba al Rey en su hermosura, y el yo se perdió de vista. Contemplaba la majestad de la santidad y se conocía a ser ineficiente e indigno. Era el mensaje de Dios que tenía que declarar. Estaba en el poder de Dios y su justicia que tenía que quedar. Estaba listo para salir como mensajero del cielo, no impresionado por lo humano, porque había contemplado lo divino. Podría aparecer sin miedo en la presencia de monarcas terrenales porque temblante se había inclinado delante del Rey de Reyes. Sin argumentos elaborados ni con teorías delicadas, Juan declaraba su mensaje".—*8 Testimonios*, p. 347.

La visión produjo la humildad—"Mirando en fe al Redentor, Juan había subido a la altura de la abnegación. No procuraba a traer a los hombres a si mismo, sino elevar sus pensamientos alto y más alto, hasta que pudiera concentrarse en el Cordero de Dios. El mismo había sido solamente una voz, un clamor en el desierto".—*8 Testimonios*, p. 348.

"El alma del profeta, vaciado del yo, estaba llenada con la luz del Divino".—*8 Testimonios*, p. 349.

Nuestro mensaje similar—"En esta era, justo antes de la segunda venida de Cristo en las nubes del cielo, una obra similar a la de Juan tiene que ser hecha".—*8 Testimonios*, p. 347.

"Para dar un mensaje tal como Juan daba, tenemos que tener una experiencia espiritual como la suya. La misma obra tiene que hacerse en nosotros. Tenemos que contemplar a Dios, y en la contemplación perder la vista del yo.

"Por la naturaleza Juan tenía las faltas y flaquezas comunes a la humanidad; pero el toque de amor divino lo había transformado".—*8 Testimonios*, p. 348.

Capítulo 76

Como Martín Lutero Oraba

Las súplicas de Martín Lutero—"Al día siguiente tenía que aparecer para dar su respuesta final. Por un tiempo su corazón se cayó por dentro cuando contemplaba las fuerzas que estaban combinadas contra la verdad. Su fe no vacilaba; temor y estremecimiento le venía por cima, y horror le abrumaba. Peligros se multiplicaban por delante; sus enemigos parecían a triunfar, y los poderes de la oscuridad a prevalecer. Nubes se juntaban en su rededor y parecían separarlo de Dios. Anhelaba por la seguridad que el Señor de las huestes estaban con él. En angustia de espíritu se echó con su rostro sobre la tierra y derramó aquellos lloros de corazón quebrantado, que apenas Dios puede entender plenamente.

"'O Dios todopoderoso y eterno', suplicó. '¡Cuán terrible es este mundo! He aquí, éste abre su boca para tragarme, y tengo tan poca confianza en ti. . . . Si es sólo en el poder de este mundo que tiene que colocar mi confianza, todo se acaba. . . . Mi última hora ha venido, mi condenación ha sido pronunciada. . . . O Dios, ayúdame contra toda la sabiduría del mundo. Haz esto, . . . tú sólo; . . . porque esto no es mi trabajo, sino el tuyo. No tengo nada que hacer aquí, nada por el cual contender con estos grandes del mundo. . . . Pero la causa es tuya, . . . y es una causa justa y eterna. Oh Señor, ¡ayúdame! Fiel e invariable Dios, en ningún hombre coloco mi confianza. . . . todo lo que es del hombre es incierto; todo que procede del hombre fracasa. . . . Tú me has escogido por este trabajo. . . . Ponte a mi lado, por el bien de tu amado Jesucristo, quien es mi defensa, mi escudo, y mi torre fuerte'.

"Una providencia todo sabia había permitido a Lutero a conocer su peligro, para que no confíe en su propia fuerza y se apure presuntamente hacia el peligro. Sin embargo no fue el temor de sufrimiento personal, un pavor de tortura o muerte, que parecía ser inminente, que le abrumaba con su terror. Había venido a la crisis, y sentía su propia insuficiencia para enfrentarla. Por su debilidad la causa de la verdad podría sufrir pérdida. No por su propia seguridad, sino por el triunfo del evangelio que él luchaba con Dios. Como en el caso de Israel, en aquella lucha nocturna al lado del arroyo solitario, fue la angustia y conflicto de su alma. Como Israel, él prevaleció con Dios. En su impotencia extrema su fe pegó en Cristo, el poderoso Libertador. Estaba fortalecido con la seguridad que no aparecería solo delante del concilio. La paz volvió a su alma, y regocijó que estaba permitido a levantar la Palabra de Dios delante de los soberanos de las naciones.

"Con la mente aferrada en Dios, Lutero se preparó para la lucha adelante. Pensaba sobre el plan de su respuesta, examinaba pasajes en sus propios escritos, y sacaba de las Santas Escrituras pruebas apropiadas para sostener sus posiciones. Entonces, colocando la mano izquierda sobre el Volumen Sagrado, que estaba abierto delante de él, levantó la mano derecha al cielo y juraba 'a quedar fiel al Evangelio, y libremente confesar su fe, aunque sellara su testimonio con la propia sangre'".—*El Conflicto de los Siglos*, p. 145, 146.

El poder que sacudió el mundo—"Cuando enemigos poderosos se unían para derribar la fe reformada, y miles de espadas parecían por ser desenvainadas en contra, Lutero escribió: 'Satanás está avanzando su furia; pontífices malignos conspiran; y estamos amenazados con guerra. Exhortéis al pueblo a contender valientemente delante del trono del Señor, mediante fe y oración, para que nuestros enemigos, conquistados por el Espíritu de Dios, puedan quedar restringidos a la paz. Nuestra necesidad principal, nuestro labor principal, es la oración; que el pueblo sepa que ahora están expuestos a las filas de la espada y a la ira de Satanás, y que oren. . . .

"Desde el lugar secreto de la oración vino el poder que sacudió el mundo en la gran Reforma . Allá, con calma santa, los siervos del Señor colocaron sus pies sobre la roca de sus promesas. Durante la lucha en Augsburg, Lutero 'no paso ni un día sin dedicar un mínimo de tres horas a la oración, y fueron obras escogidas de aquellas más favorables al estudio'. En la privacidad de su cámara se escuchaba derramando su alma delante de Dios en palabras 'llenas de adoración, temor, y esperanza, como cuando uno habla a un amigo'. 'Yo se que tú eres nuestro Padre y nuestro Dios', dijo él, 'y que vas a esparcir a los perseguidores de tus hijos; porque tú mismo estás en peligro con nosotros. Todo este asunto es tuyo, y es solamente con tu permiso que hemos puesto en nuestras manos para hacerlo. ¡Defiéndenos, entonces, O Padre!'

"A Melanchton, quien estaba aplastado bajo el peso de ansiedad y temor, escribió: 'Gracia y paz en Cristo—en Cristo, digo, y no en el mundo. Amén. Yo odio con odio extremo los cuidados extremos que te consumen. Si la causa es injusta, abandónala; si la causa es justa, ¿por qué desmentir las promesas de él que nos manda dormir sin temor? . . . Cristo no estará en necesidad para la obra de justicia y verdad. El vive, él reina; ¿qué temor, entonces, podremos tener?'"—*El Conflicto de los Siglos*, p. 192, 193.

Capítulo 77

Como Jesús Oraba - 1

Desde horas pasadas con Dios—"No por si mismo, sino por otros, él vivía y pensaba y oraba. Desde horas pasadas con Dios salía mañana tras mañana, para llevar la luz del cielo a los hombres. Diariamente recibía un bautismo fresco del Espíritu Santo. En las horas tempranas del nuevo día el Señor lo despertaba de sus sueños, y su alma y sus labios fueron ungidos con gracia, para que pudieran impartir a otros. Sus palabras le fueron dadas frescas de las cortes celestiales, palabras que podría hablar en temporada a los cansados y oprimidos. 'Jehová el Señor me dio', dijo él, 'lengua de sabios, para saber hablar palabras al cansado; despertará mañana tras mañana, despertará mi oído para que oiga como los sabios'. Isaías 50:4.

"Los discípulos de Cristo estaban muy impresionados por sus oraciones y por su hábito de comunión con Dios. Un día después de una ausencia corta de su Señor, lo encontraban absorto en súplica. Pareciendo inconsciente de su presencia, continuaba orando en voz alta. Los corazones de los discípulos quedaban profundamente conmovidos. Cuando cesó de orar, exclamaron, 'Señor, enséñanos a orar'".—*Palabras de Vida del Gran Maestro*, p. 105.

Fortalecida para deberes y pruebas—"Como ser humano, [Jesús] sentía su necesidad del poder de su Padre. El tenía lugares selectos de oración. Amaba mantener comunión con su Padre en la soledad de la montaña. En este ejercicio su santa alma humana estaba fortalecida para los deberes y pruebas del día. Nuestro Salvador se identifica con nuestras necesidades y flaquezas, en el sentido que él llegó a ser un suplicante, un pedidor nocturno, buscando de su Padre suministros frescos de fortaleza, para salir vigorizado y refrescado, preparado por deber y prueba. El es nuestro ejemplo en todas las cosas".—*2 Testimonios*, p. 182.

Oración continua—"No fue solamente en la Cruz que Cristo se sacrificó a si mismo por la humanidad. Mientras él 'anduvo haciendo bienes' (Hechos 10:38), la experiencia de cada día fue una efusión de su vida. De una manera sola se podría sostener una vida tal. Jesús vivía en dependencia de Dios y en comunión con él. Al lugar secreto del Altísimo, bajo la sombra del Todopoderoso, los hombres una y otra vez reparan; quedan por un tiempo, y el resultado es manifiesto en obras nobles; entonces su fe fracasa, la comunión es interrumpida, y la obra de la vida manchada. Pero la vida de Jesús era una vida de confianza constante, sostenida por comunión continua; y su servicio para el cielo y la tierra estaba sin fallar o faltar.

"Como hombre él suplicaba el trono de Dios, hasta que su humanidad estaba cargada con una corriente celestial que conectaba la humanidad con la divinidad. Recibiendo vida de Dios, compartía vida al hombre".—*Educación*, p. 80.

Sus horas de felicidad—"El estudiaba la Palabra de Dios, y sus horas de mayor felicidad se encontraban cuando el podía tornarse de la escena de sus labores para entrar en los campos, para meditar en los valles sosegados, para tener comunión con Dios en la montaña o entre los árboles del bosque. De mañana temprano a menudo se encontraba en algún lugar aislado, meditando, buscando las Escrituras, o en oración. Con la voz de canto daba la bienvenida a la luz de la mañana. Con cánticos de gracia alegraba sus horas de labor y traía la felicidad celestial a los cansados y desanimados".—*El Ministerio de la Curación*, p. 34.

A solas con Dios—"En una vida totalmente devota al bien de los otros, el Salvador hallaba necesario tornarse de la actividad sin cesar y contacto con las necesidades humanas, para buscar retiro y comunión continua con su Padre. Cuando la multitud que le habían seguido salió, él entra las montañas, y allá, a solas con Dios, vacía su alma en oración por los necesitados y pecaminosos sufridores".—*El Ministerio de la Curación*, p. 36.

Pocos siguen su ejemplo—"Pocos están dispuestos a imitar sus privaciones asombrosas, soportar sus sufrimientos y persecuciones, y compartir su labor exhausto para llevar a otros la luz. Pero pocos seguirán su ejemplo en oración sincera y frecuente a Dios por fortaleza para soportar las pruebas de esta vida y cumplir sus deberes diarios. Cristo es el Capitán de nuestra salvación, y mediante sus propios sufrimientos y sacrificio él ha dado un ejemplo a todos sus seguidores que vigilia y oración, y esfuerzo perseverante, eran necesarios por su parte sí ellos quisieran correctamente representar el amor que moraba en su seno [de Cristo] por la raza decaída".—*2 Testimonios*, p. 585.

Capítulo 78

Como Jesús Oraba - 2

Una necesidad—"Jesús mismo, mientras vivía entre los hombres, estaba a menudo en oración. Nuestro Salvador se identificaba con nuestras necesidades y flaquezas, en que él llegó a ser un suplicante, un pedidor, buscando de su Padre suministros frescos de poder, para que saliera preparado para el deber y la prueba. El es nuestro ejemplo en todas las cosas. El es un hermano en nuestras enfermedades, 'tentado en todo según nuestra semejanza"; pero como Uno sin el pecado su naturaleza retrocedió del mal; soportó dificultades y tortura de alma en un mundo del pecado. Su humanidad hacía de la oración una necesidad y un privilegio. Encontraba consuelo y gozo en comunión con su Padre. Y si el Salvador de los hombres, el Hijo de Dios, sentía la necesidad de oración, cuanto más deben mortales débiles y pecaminosos sentir la necesidad de oración ferviente y constante".—*El Camino a Cristo*, p. 93.

Inclinado en oración—"Cristo no daba ningún servicio restringido. No medía su trabajo por horas. Su tiempo, su corazón, su alma y fuerza, fueron dados para trabajar para el beneficio de la humanidad. A través de días fatigados trabajaba y durante noches largas se inclinaba en oración por gracia y resistencia para que pudiera hacer un trabajo más amplio. Con llantos fuertes y lágrimas enviaba sus peticiones al cielo, para que su naturaleza humana fuera fortalecida, para que fuera endurecido para encontrarse con el enemigo astuto en todas sus obras de decepción, y fortificada para cumplir su misión de levantar la humanidad. A sus obreros él dice, 'Porque ejemplo os he dado, para que como yo os he hecho, vosotros también hagáis'. Juan 13:15".—*El Ministerio de la Curación*, p. 400.

Se arrodilló en la oración—"Tanto en la adoración pública como en la privada, es nuestro privilegio arrodillarnos delante del Señor cuando le ofrecemos nuestras peticiones. Jesús, nuestro ejemplo, 'puesto de rodillas oró'" [Lucas 22:41]".—*Obreros Evangélicos*, p. 187.

El secreto de poder—"La vida del Salvador en la tierra fue una vida de comunión con la naturaleza y con Dios. En esta comunión él nos reveló el secreto de una vida de poder".—*El Ministerio de la Curación*, p. 33.

Su experiencia tiene que ser la nuestra—"En una vida enteramente dedicada al bien de los otros, el Salvador hallaba necesario retirarse de las vías públicas y de las multitudes que les seguían día tras día. Tenía que tornarse de una vida de actividad incesante y contacto con las necesidades humanas, para buscar retiro y comunión no interrumpida con su Padre. Como Uno unido con nosotros, compartiendo nuestras necesidades y debilidades, él estaba totalmente dependiente de Dios, y en el lugar secreto de la oración buscaba el poder divino, para que saliera fortalecido por el deber y la prueba. En un mundo de pecado Jesús soportaba luchas y tortura de alma. En comunión con Dios él podría quitarse de las tristezas que le estaban aplastando. Aquí encontraba consuelo y gozo.

"En Cristo el grito de la humanidad llegó hasta el Padre de piedad infinita. Como hombre suplicaba el trono de Dios hasta que su humanidad estaba cargada con una corriente celestial que podría conectar la humanidad con la divinidad. A través de comunión continua recibía vida de Dios, para que impartiera vida al mundo. Su experiencia tiene que ser la nuestra".—*El Deseado de Todas las Gentes*, p. 330.

Con llantos fuertes y lágrimas—"El hombre de dolores derrama sus súplicas con llantos fuertes y lágrimas. El ora por fuerza para soportar la prueba a favor de la humanidad. El mismo tiene que ganar un asimiento fresco en la Omnipotencia, porque sólo así puede contemplar el futuro. Y él derrama los anhelos de su corazón por sus discípulos, que en la hora del poder de la oscuridad su fe no falte. El rocío está pesado sobre su forma inclinada, pero no le da caso. Las sombras de la noche se juntan gruesamente en su rededor, pero él ignora su penumbra. Así lentamente pasan las horas".— *El Deseado de Todas las Gentes*, p. 388.

La fe fortalecida por la oración—"Para el obrero consagrado hay un consuelo maravilloso en el conocimiento que aún Cristo durante su vida en la tierra buscaba a su Padre diariamente por suministros frescos de la gracia necesitada; y desde este comunión con Dios salía para fortalecer y bendecir a los otros. ¡Observa al Hijo de Dios inclinado en oración a su Padre! Aunque sea el Hijo de Dios, él fortalece su fe por la oración, y por la comunión con el cielo junta a si mismo poder para resistir el mal y servir las necesidades del hombre. Como Hermano Mayor de nuestra raza él sabe las necesidades de los que, afligidos con la enfermedad y viviendo en un mundo del pecado de tentación, todavía desean servirlo. El sabe que los mensajeros a quien considera aptos para enviar son hombres débiles y errantes; pero a todos que se dan plenamente a su servicio, él promete la ayuda divina. Su propio ejemplo asegura que la súplica sincera y perseverante a Dios en fe—una que lleva a la dependencia entera de Dios, y una consagración sin reservas a su obra—valdrá para llevar a los hombres la ayuda del Espíritu Santo en la batalla contra el pecado".—*Hechos de los Apóstoles*, p. 45.

Cristo revela a los** ángeles **su agonía venidera—"El entonces hizo saber a la hueste angélica que una vía de escape fuera hecha para el hombre perdido. . . . [El les contó] que tendría que sufrir horas terribles de agonía, las cuales ni los ángeles podrían contemplar, pero iban a velar sus rostros de la escena. El sufriría no meramente agonía corporal, sino agonía mental, que no podría ser comparada de ninguna manera con la corporal. El peso de los pecados del mundo entero estaría sobre él".—*Primeros Escritos*, p. 149.

El sufrimiento terrenal de Cristo en el desierto—"Cuando Jesús entró el desierto, estaba encerrado por la gloria del Padre. . . . Pero la gloria se fue, y él estaba dejado solo para luchar con la tentación. Estaba cursando sobre él a cada momento. Su naturaleza humana encogió del conflicto que esperaba. Por cuarenta días ayunó y oró. Débil y extenuado por la hambre, desgastado y demacrado por la agonía mental, él 'fue desfigurado de los hombres su parecer, y su hermosura más que la de los hijos de los hombres'. Isaías 52:14".—*El Deseado de Todas las Gentes*, p. 92.

Su sufrimiento en Getsemaní—"Helo contemplando el precio a pagar por el alma humana. En su agonía él se aferra a la tierra fría, como para prevenirse de ser atraído más lejos de Dios".—*El Deseado de Todas las Gentes*, p. 638.

El cristiano tiene que orar con gran seriedad y sinceridad—"Sé serio, sé sincero. Oración ferviente logra mucho. Como Jacob, lucha en oración. Agoniza. Jesús, en el jardín, sudaba gran gotas de sangre; tú tienes que hacer un esfuerzo.—*1 Testimonios*, p. 148.

Agonizar sin rendir el yo es inútil—"Hay muchas almas que luchan por victorias especiales y bendiciones especiales para que puedan hacer alguna cosa grande. Con este fin están siempre sintiendo que deben hacer una lucha agonizante con oración y lágrimas. . . . Toda la agonía, todas las lágrimas y luchas, no traerán la bendición por la cual anhelan. El yo tiene que ser completamente rendido".—*9 Testimonios*, p. 132.

[Para más sobre las oraciones reales de Cristo, léase: *El Deseado de Todas las Gentes*, pp. 85-88, 342, 389, 634, 638-642, 693-694, 708; H*echos de los Apóstoles*, pp. 17-18; *El Discurso Maestro de Jesús*, p. 89; *1 Mensajes Selectos*, p. 196; *2 Testimonios*, pp. 188-189; *4 Testimonios*, pp. 521-522; *My Life Today*, p. 252.]

Capítulo 79

Josué y el Ángel

Las súplicas de Josué—(La visión que Zacarías tuvo de Josué delante de Dios mientras suplicaba por si mismo y su pueblo, es una profecía que tiene aplicación a los fieles de Dios en estos últimos días. Léase con cuidado el comentario inspirado sobre este pasaje de Zacarías 3. Se encuentra en *5 Testimonios*, pp. 442-450. Un pasaje paralelo se encuentra en *5 Testimonios*, pp. 198-200.)

Capítulo 80

La Dificultad de Jacob

La lucha de Jacob y su dificultad—(La experiencia que Jacob padeció cuando su hermano salió para matarlo a él y a sus seres queridos, la experiencia de oración de aquella noche, la lucha con el ángel que fue el punto culminante, y la liberación a seguir—todo es un tipo de la experiencia que el pueblo de Dios endurecerá entre el cierre de la probación humana y su liberación por la voz de Dios resonando del cielo. Se trata aquí con muchos principios importantes que deben ser cuidadosamente estudiados. Querrás leer los siguientes pasajes: *Patriarcas y Profetas*, pp. 194-202; *El Conflicto de los Siglos*, pp. 599-616; *La Historia de la Redención*, pp. 96-101; *3 Spiritual Gifts*, pp. 128-137.)

Le invitamos a ver la selección
completa de títulos que publicamos en:

www.TEACHServices.com

Escanear con su dispositivo móvil para ir
directamente a nuestro sitio web.

Favor de escribirnos por carta o email, con sus elogios, reacciones,
o pensamientos sobre este libro o cualquier otro libro que publicamos en:

11 Quartermaster Circle
Fort Oglethorpe, GA 30742

Info@TEACHServices.com

Se puede comprar los títulos de TEACHServices, Inc., al por mayor para
uso en educación, negocios, recaudación de fondos, o promoción de ventas.
Para información, favor de escribirnos por email:

BulkSales@TEACHServices.com

Finalmente, si Ud. quisiera ver su propio libro impreso,
por favor contáctenos en:

publishing@TEACHServices.com

Estaríamos encantados de revisar su manuscrito gratis.

www.ingramcontent.com/pod-product-compliance
Lightning Source LLC
LaVergne TN
LVHW010938100826
845153LV00001B/80

* 9 7 8 1 4 7 9 6 1 5 9 8 8 *